여명의 시 제4집

그리움의
사중주

이한길 · 김정선 詩集

그리움의 사중주

초판 1쇄 발행 2025년 10월 1일

지 은 이	이한길 ·김정선
발 행 인	권선복
편 집	권보송
디 자 인	서보미
전 자 책	서보미
발 행 처	도서출판 행복에너지
출판등록	제315-2011-000035호
주 소	(07679) 서울특별시 강서구 화곡로 232
전 화	010-3993-6277
팩 스	0303-0799-1560
홈페이지	www.happybook.or.kr
이 메 일	ksbdata@daum.net

값 22,000원
ISBN   979-11-994420-2-3 (03810)

Copyright ⓒ 이한길 ·김정선, 2025

여명의 시 제4집

그리움의
사중주

시와 당신에게

이한길 · 김정선 詩集

도서
출판 행복에너지

나를 어찌하나요?

벌써 고희(古稀)가 내일모레인데, 소년 시절에 본 바람에 흔들리는 갈맷빛 이파리를 여전히 지금도 바라보고 있습니다. 그렇게 보고 듣고 종종 무언(無言)의 말을 나누다 보면, 언젠가는 바람의 말을 알아듣는 날이 절로 오겠지요. 그 기적 같은 일이 늘 가까이 있는데 난 아직도 열정과 간절함이 너무 부족한 모양입니다.

여명의 시 제1집 〈바람이 바람에게〉 제2집 〈나는 부자이옵니다〉 제3집 〈바람과 그리움〉에 이어 이번에 제4집을 출간하게 된 것도 기실(其實), 나를 아는 수많은 사람들과 또 나를 모르는 애독자 여러분의 열렬한 관심과 사랑 그리고 기도 덕분입니다.

이 세상에 덕분이 아닌 것은 하나도 없습니다. 그 기적 같은 일도 결국 마르쿠스 아우렐리우스(Marcus Aurelius)의 말처럼 "우리 삶은 우리 생각대로 이루어진다"라는 것입니다.

시 또 한 시인의 생각대로 완성되는 꿈같은 것이겠지요.

이 글을 읽는 독자님께는 조금 지루하겠지만 먼저 양해를 구합니다. 이 세상에 단 한 편밖에 없는 귀한 시평과 추천사를 써준 분들의 이름을 간절히 부르며 여기에 한 분 한 분 적습니다. 네 권의 시집이 탄생 되기까지 물심양면, 적극적으로 도움 주시고 묵묵히 기도로 응원해 주신 자원

업계의 대부(代父) 신풍자원 문종식 대표님께 일생일대(一生一代)의 존경과 경의를 표합니다.

또, 제 시집의 대들보이자 보물 같은 최주섭, 강무섭 님 그리고 늘 가까이서 언제나 내 일보다 더 기뻐하며 아픈 손으로 여명의 시(제1집에서 제3집까지) 전부를 타자로 쳐 화계초교 31회 카페에 옮긴 카페지기 이정민과 김정희 님, 이금행 친구에게 먼저 뜨거운 감사의 마음을 전하고, 온갖 생각을 쥐어짜 천의무봉(天衣無縫)의 추천사를 써준 멋진 친구 홍병천, 조장연, 김종국, 이종노, 이태용, 심영주, 남궁영수, 손시권, 최석주, 안상국 님 그리고 나의 영원한 동생 이한준, 이성옥 님, 늘 보석처럼 빛나며 나의 시를 비춰주는 사랑하는 아우 최중욱, 임두혁 님 또, 내 인생의 진주 같은 인천 예원제일교회 박영철 목사님, 천호 무향서예연구원 채성수 원장님, 참 따뜻한 사람 강원특별자치도 향우회 박용순 회장님께 너무너무 감사드립니다.

어느덧 구순이 넘으신 두 어머님과 생명보다 더 귀중한 나의 아내 김정선 님, 아들 이 건과 며늘아기 한창혜에게 이 시집을 바칩니다.

여명 **이한길**

5

시인의 삶

그와 저녁 약속을 하고 마중을 나갔다. 저만치 내 쪽으로 다가오는 모습이 보였다. 내가 손을 흔들어 신호를 보내자, 그는 마치 내 눈동자 속으로 성큼성큼 걸어 들어오는 듯했다.

"어쩌면 저리도 시(詩)처럼 걸어올 수 있을까."

나는 속으로 중얼거렸다. 가까운 식당에 들어가 앉는 그의 모습 하나, 숟가락을 드는 사소한 손길 하나, 막걸리를 따르는 소박한 동작 하나까지도 이미 모두가 시였다. 내 안의 애련한 마음조차 그의 곁에서는 온전히 시가 되어 떨리고 빛났다. 그가 아는 것은 시뿐이기에, 이 세상에는 시 아닌 것이 존재하지 않는 듯했다. 우리는 그렇게 서로의 사랑에, 시라는 전율에 감전된 채 살아가고 있었다.

어느 날 그가 조심스레 말을 건넸다.

"이번에 출간할 여명의 시 제4집에 당신 시 10편을 함께 실으면 어떨까?"

심장이 두근반 세근반 뛰었다. 그러나 나는 곧 고개를 저으며 잘라 거절했다.

"아니, 내가 무슨 수로 시를 열 편씩이나 쓰겠어요."

하지만 며칠 뒤, 나는 결혼 전후로 써둔 낡은 노트를 꺼내어 뒤적이고 있었다. 그러나 그 속에는 온전히 시라 부를 만한 글은 보이지 않았다. 일기 같고, 낙서 같고, 때로는 노랫말 같은 글들이 전부였다. 며칠을 전전반측하며 망설이다, 그나마 마음에 닿는 글 몇 편을 골라 그에게 내밀며 말했다.

"알아서 해요."

얼마 후, 그의 손길을 거쳐 첨삭과 조탁의 과정을 지나자, 내 글은 놀랍게도 시의 옷을 입고 다시 태어났다. 그 순간 그는 나의 남편일 뿐 아니라, 나의 시 스승이자 사부가 되어 있었다.

물론 여명 이한길 시인의 지인들과 애독자들께는 자칫 누가 될까 염려스럽다. 그러나 이제야 비로소 시의 초입에 선 초심자의 길목에서, 나는 부끄러움보다 감사와 설렘으로 첫 발을 내딛는다. 부디 너그럽게 지켜봐 주시길 바란다.

요즘 그는 「사랑 장(章)」이라는 대서사시를 쓰고 있다. 열 개의 장으로 이어질 사랑의 기록. 그중 앞의 세 절을 이 자리에서 먼저 전하고 싶다.

사랑 장 제1절

당신은 한 사람을 위해 목숨까지 기꺼이 내어줄 수 있는가?

그렇다면 당신은 지금, 위대한 사랑을 하고 있는 것이다.

사랑 장 제2절

당신은 지금 당장 한 사람에게 가진 것 전부를 줄 수 있는가?

그렇다면 당신은 이미 세상의 모든 것을 가진 사람이다.

사랑 장 제3절

당신은 하늘을 우러러 바람 한 점 없이 감사할 수 있는가?

그렇다면 당신은 벌써 감사의 기도가 무엇인지 아는 사람이다.

그는 지금 「사랑 장 제6절」을 집필하는 중이다. 나는 매일 그 옆에서, 한 사람의 시인이 사랑을 언어로 세상에 심어가는 과정을 지켜보고 있다.

나는 소망한다. 이번 **여명의 시 제4집 『그리움의 사중주』**가 대한민국 방방곡곡을 두루 찾아가, 지친 마음에게 위로가 되고, 사랑을 잃은 이들에게 새로운 희망을 전하는 보물 같은 시집이 되기를.

그리고 언젠가, 이 시집을 손에 든 모든 이들이 "나 역시 시가 되는 삶을 살고 싶다"는 소망을 품게 되기를.

여명 이한길 시인의 아내 **김정선**

휘어지되 꺾이지 않는
열정의 시인 이한길 친구

폭염과 폭우가 연이어 한반도를 덮고 서로 기세를 부리더니 끝내 수많은 이재민과 사상자를 낳고, 엄청난 재산과 시설 피해가 발생한 우울한 시기에 한 가지 반가운 소식을 접했다. 시인이자 죽마고우(竹馬故友)인 여명 이한길 시인의 넷째 시집이 곧 탄생할 것이라는 이야기를 듣고, 가뭄에 봇물 터지듯 쉴 새 없는 그의 시상(詩想)에 다시 한번 놀라고 감탄한 것이다.

한편으론 세기를 거슬러 올라가 그 시절 청년 여명의 자작시들을 떠올려 보면, 지금의 상황이 그리 놀라운 일만은 아닐 것이다. 오히려 수천 년을 묵묵히 흘러온 강물이 폭포수를 만난 것처럼, 고단했던 그의 삶이 여기저기서 마구 터지는 폭죽처럼, 늦장미꽃을 활짝 피운 것이다.

특히 이번 시집에는 시인의 평생 동반자이자 현모양처인 김정선 여사님의 시도 몇 편 실린다고 하니 참으로 감사하고 기대 또한 두 배이다.

시인의 네 번째 시집 탄생을 기쁜 마음으로 감축드리며, 우리의 옛날 화계초교 교가의 〈우뚝 솟은 화금봉〉처럼 거침없는 필력으로 하루가 다르게 쪼그라드는 우리 곁을 든든하게 지켜주길 바란다.

친구 **강무섭**

자연의 순수함을 닮은 시인 여명!!

시(詩)는 삶이 남긴 여백 위에 피어나는 언어라고 누군가 말했듯, 평생 시를 품고 살아온 여명 이한길 시인은 어린 시절부터 시를 무척 사랑했지만, 그러나 세상은 늘 시보다 바빴고, 삶은 시를 미뤄야 하는 순간들로 가득 찬 시간이었습니다.

그럼에도 시를 놓지 않고 마음은 언제나 시와 함께한 그는 마침내 삶의 풍파의 터널을 지나 한 편 한 편의 시를 조용히 세상 밖으로 내어놓았습니다.

여명의 시 제1집 〈바람이 바람에게〉 제2집 〈나는 부자이옵니다〉 제3집 〈바람과 그리움〉에 이어 네 번째 시집이 세상 밖으로 빛을 보게 되었습니다. 진심으로 감축드립니다.

여명의 시에는 나이가 무색할 만큼 순수함이 배어 있고, 거친 언어나 과장된 감정도 없는 담백한 언어 속에 깃든 깊은 여운과 맑은 시선이 감지됩니다. 그 맑은 눈으로 세상을 바라본 그의 시는 잠시나마 일상의 소음을 내려놓고 내면의 강가에 앉은 듯한 평화를 느낍니다. 조용히 피어나는 한 송이 들꽃처럼 곁에 오래 머무른 듯 마음의 평온함을 느끼게 합니다. 시인의 늦깎이 출간들은 오히려 그만의 깊은 맛을 만들어냈고, 그 늦음 덕분에 우리는 더 정제되고 순결한 언어를 만날 수 있게 되었습니다.

그의 시를 마주하는 일은 삶을 조금 더 부드럽게 바라다볼 수 있는 힘을 얻게 되고, 순한 언어들로 깊은 울림을 주며 조용히 곁에 머물러 줍니다. 여명의 시는 자기 자신을 향한 고요한 기도의 외침입니다. 시에 등장하는 자연의 이미지들, 곱고 예쁜 풍경과 언어들은 시인의 감정이고 마음이라 생각합니다. 한 편 한 편의 시가 평소 잔잔한 시인의 음성과 성품처럼 따뜻하고 감명 깊게 전해져 다가옵니다.

그가 걸어온 여정을 통해 오랫동안 바라본 삶의 감응과 울림이 전해집니다. 늦게 피는 꽃이 더 진한 향기를 내듯이, 한 소절 한 소절 더욱 묵직한 향기를 품고 더 단단하고 더 깊이 마음에 스며듭니다. 잊고 지내온 것들을 다시 일깨워 주고 말보다 침묵이 더 큰 울림을 주는 것 같은 겸손을 배우게 됩니다. 그의 시를 마주하는 일은 잊고 살았던 순수함을 다시 불러오는 소중한 순간들이기도 합니다. 그리고 그 순간을 통해 삶을 조금 더 부드럽게 바라다볼 수 있는 힘을 얻게 됩니다. 삶이 바람 같다고 말하지만, 그 바람이 지나간 자리에 꽃이 피듯 여명은 그 모든 흔적을 시로 남겼습니다. 시집은 삶의 여백을 정성껏 채워낸 한 사람의 고요하고도 단단한 삶의 기록이라 생각합니다. 이번 여명의 시 제4집은 더욱더 큰 울림으로 독자들에게 다가가리라 확신합니다.

여명 시인이 늘 독자들에게 하는 말을 돌려 드립니다.

정말 고맙습니다. 모두 덕분입니다. 그리고 사랑합니다.

춘천에서 **김정희**

11

여명 이한길 형님께

늘 형님! 형님! 부르다가 오늘은 이렇게 지면으로 대하고 보니 새삼스럽고 무척이나 영광입니다.

우린 강원도 두메산골에서 태어나 옥수수죽에 나물 뜯어 먹던 배고픈 시절에도 고생을 고생이라 생각지 않고 슬기롭게 이겨낸 불굴의 한 시대를 살아냈습니다.

지게 지고 산 넘어 나무하러 갈 때는 등산 간다는 가벼운 마음도 있었지만, 돌이켜 보니 어려운 환경 속에 안 할 수도 없는 일이라 힘들 때면 지게 작대기 두들겨 패면서도 끝내 해냈습니다. 정녕 고진감래(苦盡甘來)의 시절이었죠.

여명의 시 제1집〈바람이 바람에게〉 제2집〈나는 부자이옵니다〉 제 3집〈바람과 그리움〉까지 시집 제목도 범상치 않았지만, 시의 내용 또한 큰 울림이 있었습니다. 정말 아무나 할 수 없는 대단한 위업입니다.

어제는 저와 성내 뒷골목 포차에서 막걸리 한잔 나누며 여명의 시 제4집 출간을 앞두고 이야기꽃을 피웠지요. 저는 이한길 형님의 그 엄청난 힘의 에너지를 믿습니다. 마음 한편이 넉넉히 행복합니다.

부디 강건하시고, 앞으로도 쭉 감동을 주는 시로 메마른 우리들의 정서를 어루만져 주소서. 여명의 시집을 책상 서랍에 고이 넣어 두었다가 늘 보물처럼 꺼내 보렵니다. 거듭 축하하며 승승장구(乘勝長驅)를 기원합니다.

강원특별자치도 향우회 회장 **박용순**

시인이여 바람이여

여명의 시 제1집 〈바람이 바람에게〉 제2집〈나는 부자이옵니다〉 제3집〈바람과 그리움〉 이후, 또 한 번의 계절을 건너온 이한길 시인은 곧 네 번째 시집을 들고 우리 앞에 온다. 시인은 늘 바람처럼 다가와 오래 머물지는 않지만 스쳐 간 자리마다 향기를 남긴다. 그 바람 속에는 그리움, 사랑, 기다림, 고독 그리고 이한길 시인이 있다.

이번 시집에서도 우리 삶의 언저리에서 놓치기 쉬운 순간들을 시의 언어로 붙잡아 우리 마음속 깊숙한 곳까지 전해줄 것이다.

이렇듯 이한길 시인의 시는 화려하지는 않지만, 그 담백함 속에 삶의 본질이 녹아있고 그 고요함 속에 묵직한 울림도 있다. 이한길 시인의 시를 읽다 보면 잊고 지냈던 누군가의 얼굴이 떠오르고, 마음 깊숙한 곳에 조용히 자리 잡은 감정 하나가 다시 말을 툭 걸어온다. 시인의 시선이 머물던 자리를 따라가다 보면 언제나 그 끝에서 시인을 만날 수 있는 것처럼, 말이다. 어쩌면 이번 시집 역시 시인이 이 세상을 향해 띄우는 또 한 장의 따뜻한 편지가 될 것이다. 이한길 시인의 시를 읽으면 마음 아픈 구석을 누군가가 가만가만 다독여주는 듯한 경험을 체험한다. 이 조용한 위로의 시를 사랑하는 모든 이들이 읽기를 권한다.

여명 이한길 시인의 네 번째 시집은 단지 시집 한 권을 더 출간한다는 의미가 아니라, 삶의 희로애락(喜怒哀樂)을 이기

14

며 시를 품어온 시간의 거리를 건너 누구나 닿을 수 없는 마음의 골짜기를 지나온 것이라 믿는다. 시인의 시에는 유유자적(悠悠自適) 떠도는 구름과 아래로 아래로만 흐르는 강물과 바람과 산천초목이 있고 저 우주가 있다. 때론 미동 하나 없는 깊은 슬픔을, 때론 번뜩이는 생의 환희를, 시인 은 조용히 흐르는 물결에 실어 보낸다.

이번에 출간될 여명의 시 제4집에서도 이한길 시인의 삶 이 고스란히 전해지는, 사람의 온기와 시간의 무늬를 어떻 게 표현했을까 자못 궁금하다. 감성이 부족한 이 시대에 언 어의 힘으로 정서를 깨우는 시들로 그득할 것이다. 그리하 여 우리는 그 시의 숨결을 마음껏 마시게 되리라. 삶의 보 약 같은 시 한 줄 한 줄이 독자 여러분께 고스란히 전해지 길 간절히 빌어본다.

홍천군농협 조합장 **심영주**

15

여명의 시 4집 출간을 축하하며

여명의 시(詩)가 나 자신과 아픈 아내에게, 너무나 큰 위로로 마음의 평온과 따뜻한 행복을 함께 선물해 주었습니다. 아내의 위험한 암 수술과 12번의 항암 치료 중에 병실에서 여명의 시 제1집, 제2집, 제3집을 정독하며, 끝날 것 같지 않던 시간과의 싸움에서 드디어 마음의 평화를 찾았습니다.

지성(至誠)이면 감천(感天)이라고 정말 기적 같은 일입니다.

너무 감사하고 또 감사합니다.

여명 이한길 시인이 내 친구라서 정말 행복합니다.

이번 4번째 시집이 대박 나길 진심으로 기원합니다.

친구 **이금행**

여명 이한길 시인의
제4집 출간을 축하하며

하루를 영원처럼 지순한 사랑 속에 늘 시로 시작해서 시로 하루를 마무리하는 여명 이한길 친구님. 무궁무진한 여명 시인의 시 세계는 그 누구도 흉내 낼 수 없는 그만의 사랑의 시, 참으로 감탄을 금할 길이 없습니다.

여명의 시 제1집에서 2집으로 쭉 읽어 내려가면서 화계초등학교 31회 카페에 있는 여명 시 게시판에 타자 치기로 옮겨 적으면서, 다시 시인의 아름다운 사랑의 시를 복습하면서 읽어 내려가는 시간이 나도 같이 사랑의 시(詩) 속에 빠져들게 합니다. 여명의 시 3집은, 작년 7월 말 손목 골절과 팔목 수술로 타자 칠 수가 없어 몇 달이 지난, 올해 2월부터 성치 않은 팔로 한 달이나 걸려 완성할 수 있었음에 실로 감개무량하였습니다. 지금 돌아보니 기적이 따로 없습니다.

이번에 4집을 출간한다고 하니 여명의 시 제4집에는 어떤 사랑의 시가 펼쳐지려나 기대하는 마음이 벌써 가슴 두근두근 설레어 잠 못 이룹니다. 그리고 다시 또, 여명의 시 제4집을 읽고는 카페에 나의 즐거운 사랑의 작업이 필요한 시간이 오겠구나 하니, 그냥 마냥 미소가 번지옵니다.

여명 친구님이여! 멋진 친구의 4집 출간을 다시 한번 축하하고 늘 건필하시길 기원합니다.

화계초등학교 31회 카페지기 **이정민**

여명의 시(詩) 한 편은 보약 한 첩이다

인간은 늘 사랑하며 행복만을 추구하지만, 그 이면에는 원치 않게 찾아오는 고독과 외로움이 있습니다. 이러한 인간 존재의 근원적인 문제를 성찰하고자 한다면 주저 없이 여명 이한길의 시를 읊조려 보시라고 권하고 싶습니다.

특히 스스로 헬조선(지옥〈hell〉과 조선의 합성어로 한국이 지옥에 가깝고 전혀 희망이 없는 사회라는 신조어)이라 외치며 작은 시련에도 마음의 상처를 받고 힘겨워하는 젊은이들에게 위로의 시 한 편이야말로 마음의 근육을 키우는 보약 같은 선물입니다.

인간의 순수함은 긍정, 감사, 사랑의 마음을 담아내는 따뜻한 그릇 역할을 합니다.

하지만 그러한 순수함은 훈련으로 얻어지는 것이 아니기에 감사의 시어로 엮어낸 여명 이한길의 시에서 그 순수함을 무이자로 대출받아 보세요.

마지막으로 거대한 피로 사회 속에서 정신이 메마르고 오염되어 세월의 흐름조차 가늠하지 못한 채 진정한 내면의 가치를 찾지 못하고 살아온 모든 사람에게 여명 이한길의 시가 행복한 삶을 찾아가는 데 한 줄기 빛이 되었으면 합니다.

친구지만 여명을 존경하는 친구 **이종노**

바람처럼 자유로이

바람이 붑니다.

우리네 인생 위에도, 시에도 늘 바람이 붑니다.

세상 어디든 자유로이 갈 수 있는 바람처럼, 시 한 편의 바람이, 이한길 시인의 바람이, 모든 이들에게 마음의 평화와 위로가 되고, 기쁨이 되고, 행복이 되면 좋겠습니다.

여명의 시를 읽으면 왠지 모르게 마음이 정화되고 온몸에 짜릿한 전율을 느낍니다.

우리 몸도 알고 보면, 미미하고 작은 들숨과 날숨이 있어 생명을 유지하고 사는 것처럼, 시인의 고귀한 시 한 구절 한 구절이 대한민국 방방곡곡, 지구의 어디든지 날아가 더 멋지고 아름다운 세상을 만들 수 있는 울림이 되기를 간절히 응원합니다.

다시 만날 시인의 새로운 바람을 위해 오늘도 거침없이 정진하시길 기원합니다.

친구 **이태용**

19

여명의 시 제 4집 발간을 축하하며…

시를 쓰는 사람과 그림을 그리는 이는 내겐 늘 경외의 대상이었다. 시인은 언어를 통해 새로운 세상을 경험하게 하고 화가는 그림을 통해 또 다른 세상을 선물한다.

그동안 주위에 시를 쓴다고, 쓰노라고 하는 지인들이 더러 없지는 않았지만, 어릴 적 한 고장에서 자란 친구 여명이 수천 편의 시를 써 내려가고 있었다는 소식은 놀라움과 함께 탄성을 자아내게 하는 일대의 사건이었다.

그의 이러한 놀라운 시작(詩作) 활동에는 아마도 그의 천재적 감수성에 더하여 억세지 않고 여유로운 고향의 산천, 부드러운 바람과 따사로운 햇볕 그리고 어린 시절 부대끼며 함께 뛰놀았던 친구들, 그런 환경 속에서 성장하면서 형성된 유년기 때의 심성이 어우러져 그가 토해내는 시의 바탕이 되었을 것이다. 그래서인지 그의 시는 유려하고 친근하며 부드럽다. 웅장하지 않으면서 편안하고 살갑고 곁에 두고 싶다.

여명은 수많은 그의 역작들을 두고도 결코 천부적 재능에 의한 것이 아니라 장고의 시간이 필요하고 영원히 풀 수 없는 숙제 같은 지난한 길이었노라고 겸손해하지만, 시를 읽는 이들은 그의 시적 재능에 감탄할 뿐이다. 특히 같은 고향 산천에서 함께 어울리면서 크고 자라 동시대를 같이 살아가는 친구들에게는 그의 시는 깊은 공감을 준다.

한때 공공부문에서 스피치 라이터의 역할을 맡았던 경험을 살려 글을 써보려 했지만 여의치 않음을 몸소 느끼고 있다. 내게는 일과 문학으로 다가오는 글은 다른 듯하다. 이러한 내 경험으로 미루어 보더라도 친구의 업적은 눈부시고 훌륭하다.

뒤늦었지만 친구 여명의 시 제4집 발간을 기쁜 마음으로 축하하면서 그의 시상이 샘처럼 솟아나 많은 사람들이 힐링과 위안을 받고 보다 따뜻한 세상과 만나게 되길 기원해 본다.

친구 **조장연**

21

여명의 시 제4집 출간을 진심으로 축하하며

사랑하는 여명 이한길 친구여!

옛날 추억이 새록새록 생각납니다. 우리 나이가 벌써 고희(古稀)를 향해 가는데 대단한 일을 하고 있는 친구의 인생 비법이 매우 궁금합니다. 고향인 홍천군 북방에서 학창 시절을 보내며, 초등학교 오전 수업이 끝나고 집으로 오다가 논두렁에 앉아 세 명이 한 숟가락으로 도시락 나누어 먹던 때가 엊그제 같고, 버드나무로 피리 만들어 신나게 불며 놀던 때도 꼭 엊그제 일인 듯 눈에 선합니다. 동네 고야를 서리해서 따먹고, 강가에 모여 고래고래 노래 부르며 논두렁콩 구워 먹던 철없던 그 시절이 아련합니다. 한여름 운동장에서 축구하고 시원한 아이스께끼나 하드 사 먹던 추억, 그 시절 생각하면 저절로 입가에 그리움의 미소가 번집니다.

청년이 되어, 시골 4H 운동을 확대한 애지회(애국청년지역사회개발회)라는 단체를 만들어 참으로 열심히 활동했지요. 불우이웃돕기, 마을 청소, 객토 작업, 마을 도서관 사업 및 방과 후 학생 지도, 마을 체육대회 등 지역 사회 개발 운동에 온 마을 주민들이 동참했고요.

또, 영농후계자로 선정이 되어 홍천에서 첫 번째로 나라의 지원을 받아 축산 사업도 했지요.

젊은 여명 시인과 청년들의 열정과 꿈으로 눈부신 활동을 했었는데, 그때 국무총리상도 받고 서울신문 사회면 톱(TOP)기사를 장식해 우리 마을의 큰 자랑거리였습니다.

지금 생각하면 여명 친구의 남다른 추진력과 열정이 대단했다는 생각이 듭니다.

다시 한번 여명 시인의 승승장구를 빌며, 여명 시집을 통하여 세상의 빛이 되고 소금이 됨을 누구보다 축하하고 뿌듯한 마음 든든합니다. 여명의 시 제4집 또한 더 널리 펴져 어두운 세상 밝히는 등불이 되고 울림이 되고 모두의 기쁨이 되길 간절히 비옵니다.

친구 **최석주**

여명에게 시(詩)는 과연(果然) 무엇인가

　여명 이한길 시인에게 시(詩)는 삶의 모든 것이다. 사랑이고 감사이며 간절한 기도이다.

　가족이며 몸과 마음이다. 희망을 담은 둥지이며, 그리움을 전하는 바람이다. 또한 노동이다. 매일 쓰는 시는 노동으로부터 시작된다. 그는 새벽 5시부터 바쁘게 일한다. 빠르게 지나가는 컨베이어벨트 옆에서 재활용품을 분류하고 패킹하는 고된 노동이다. 재활용품 중에 새 책들이 벨트 위를 지나가면, 일단 옆으로 제쳐두고 점심시간에 짬을 내어 읽는다. 그런 노동의 일상을 통하여 독특한 영감(靈感)을 얻고 이를 시로 승화시킨다.

　힘겨운 노동으로 하루를 열고 아름다운 시로 하루를 닫는 것이다. 삶을 지탱해 주는 노동은 수많은 시를 쓰는 동력의 주된 원천이다. 여명이 우리에게 보여주는 특별한 차원의 순수함은 어떤 것인가? 노동의 일상과 아름다운 시가 버무려지면서 우러나는 선량한 마음이다.

　여명의 시에는 사랑과 감사, 고독과 그리움의 정서가 맑고 깨끗한 이슬방울처럼 올망졸망 매달려 있다. 지난(至難)한 삶의 체험이 빚어낸 소중한 열매들이다. 나는 그의 시를 음미하면서 소중한 추억을 되살리기도 하고 뒤엉킨 불안한 감정을 풀어내기도 한다.

제1집 '바람이 바람에게'를 출간한 뒤 2년 만에 제4집을 내놓는다.

아무나 할 수 없는 대단한 일이다. 자신의 특성과 잠재력을 사회적으로 유의미하게 활용하는 자아실현의 인생 2막이다. 고단한 일상을 색다른 눈으로 바라보면서 그 속에 숨어있는 사랑과 감사의 의미를 캐내어 시로 승화시키는 노력에 경의를 표한다. 짧은 기간에 네 권의 시집이 출간되기까지 두 분의 특별한 지원과 배려가 있었다. 첫째는 여명의 아내 김정선 여사이다.

그의 헌신적인 뒷받침이 없었다면 연속 출간은 어려웠을 것이다. 이번 제4집에는 김정선 여사의 시도 10편 실려 있어 흥미롭다. 둘째는 도서 출판 행복 에너지 권선복 대표이다. 그는 지금까지 약 1500여 명의 작가들을 배출하였고, 수십만 권의 책을 사회에 기부하여 선한 영향력을 끼치고 있다. 세 분의 아름다운 꿈과 열정이 커다란 축복으로 불꽃처럼 타오르기를 간절히 기원한다.

신중년연구소장 **최주섭**

나의 그리움

저기
아직 보이지 않는
종이 위로
갈색 끄적임이
울린다.

그 울림은 전혀 보이지
않는 글자들을
흔들고
그의 마음속에
잔잔하게 정리되어
앉는다

눈 감아야 보이는
희미한 빛과 소리 사이로
어제 그랬던 것처럼
사랑과 그리움을 먹은
그의 끄적임이 한 줄
시로 또 자라난다.

내일 그 마음을 펼칠 나에게
이미 그는 손을 내밀고

그의 마음속 깊은 곳부터 자라나
정리된 모든 빛과 소리를
세상에 전해 줄
그의 선물에 깊이 감사하며

난 오늘
아직 오지 않은
내일의 그리움을 품는다

아우 **최중욱**

시의 세상에 사는 시인에게

사람은 세상을 살아가면서 수많은 사연에 울고 웃는 우여곡절을 겪는다. 때로는 아무 생각 없이 훌쩍 어디론가 떠나고 싶지만, 이런저런 이유로 떠나지 못하고 쭈그려 앉아 한숨을 몰아쉬며 아쉬워할 때도 있고, 머물고 싶지만 어쩔 수 없이 떠나야 할 사정이 생기듯, 삶의 부대낌에 한탄하며 좌절하고 원망하기도 한다. 그런 시련과 역경을 통해 우리는 더욱더 단련되기도 하고 한층 더 성장하기도 한다는 아주 쉬운 인생의 진리를 늦게나마 배우게 된다. 시인의 인생 또한 마찬가지일 것이다.

장미 향이 나는 1온스의 향수를 얻기 위해서는 1톤의 장미가 필요하다고 한다. 장미 향은 눈에 보이지 않으면서 신비로운 마력으로 우리들의 오감을 자극한다. 하지만, 그 귀한 향수를 제아무리 듬뿍 뿌리고 멋을 부려봐야 인공미는 인공미일 뿐이다.

향기와 향수의 차이는 천양지차(天壤之差)이기 때문이다. 보라, 인간은 태어날 때부터 마음에 향기를 품고 태어나기에 나름 그 향기를 가까이, 아주 멀리까지 내뿜는다. 그러나 향기가 전혀 없는 사람들도 있다.

마주 보기만 해도 마주 보는 것만으로도 그냥 이유 없이 편안하고 좋은 사람들이 전자이고, 함께 있는 것조차 불쾌하고 불편해서 함께 있기조차 싫은 사람들이 후자이다.

따라서 살아가면서 더욱 향기 나는 삶을 살아야 하는 것이 당연지사일진대, 지금 내가 어떤 향기를 내고 있는지 스스로 묻고 그 향기의 꽃을 잘 가꾸어야 한다.

시의 꽃향기를 온 누리에 퍼뜨리고 있는 이한길 시인처럼 말이다.

유명한 패션 디자이너 코코 샤넬이 말하길 "스무 살의 얼굴은 자연의 선물이지만 쉰 살의 얼굴은 본인의 공적"이라 했듯, 그 일념 하나로 세계적인 기업을 만들지 않았겠는가.

젓가락이 반찬 맛을 모르듯 생각만으로 행복의 맛을 알 수가 없다. 그렇듯 시인은 사랑한다는 말 한마디 없이도 진실한 사랑을 만들어 전하고, 그립다는 말 한마디 없이도 그리움을 마냥 쏟아내기도 한다. 간혹 뭔 뜻인지 뭔 말인지 시인만이 아는 뭔가도 있긴 하지만, 결국 감춰진 시인의 진심을 발견했을 때 비로소 감동은 배가 되는 것이다.

친구(시인 이한길)가 시를 쓴다기에 처음에는 취미 삼아 쓰는 줄 알고 무덤덤하다,

화계초교 31회 카톡방에 올리는 시를 읽고 종종 가슴이 뜨거웠는데. 정말 격세지감(隔世之感)을 느낀다.

내 어릴 적 친구 중에 지금 이렇게 훌륭한 시인이 있다는 사실에 가슴 뿌듯하고 자랑스럽다.

여명의 시 제4집 출간을 진심으로 경하드린다.

강원대 연구교수 **홍병천**

목차

머리말   004

아내의 글   006

추천사   009

♪ 제1장 서주序奏 : 바람처럼 다가온 시

6월의 기도   038

강물은   040

시(詩)의 눈물   042

오 인생이여   044

인사   046

기원(祈願)   047

시(詩)와 사랑   049

달의 기도   050

삶   051

날마다 지각   052

9월의 노래   053

인연   054

10월의 기도   055

시(詩) 한 편의 기억상실   058

행운   059

인생   060

인연 2   062

빚   064

나의 삶   065

새해   066

공(空)과 허(虛)   068

♪ 제2장 1악장 : 이름 없는 사랑의 그림자

한 몸   072

안부   073

안부 2   075

풍경   076

세 사람   078

그리움 2   080

견우와 직녀   081

소쩍새   082

화살   083

약속   085

속죄(贖罪)   086

신이시여   087

4월의 기도   089

하루   090

기다림   091

포장마차에서   095

혼자 쓰는 시   099

이별이 아름다운 이유   102

하루살이   104

봄비   105

무서운 날   106

정(情)   107

제3장 2악장 : 계절의 기도

사진	110
부부(夫婦)	111
4월의 마음	112
나 한평생	114
7월의 사랑	116
사랑의 둔갑술(遁甲術)	117
시(詩)는	118
어떤 이별	120
인생길의 여울에서	121
말의 힘	123
사랑의 눈물	124
시(詩)의 잔치	125
사랑의 그림자	126
시의 개벽(開闢)	128
그리움의 사중주(四重奏)	130
눈(雪)의 노래	131
시(詩)	132
산은	133
주목(朱木) 옆에서	134
비밀의 문	135
일기(日記)	136
별의 하늘	137

제4장 3악장 : 마음의 그림자

아. 이태원이여   140

임과 그리움 142

오늘은 진종일 비가 내리고 144

다시 쓰는 시 146

숨바꼭질 148

풍선사랑 149

길 150

아네모네 사랑 152

시소 사랑 154

알 수 없어요 155

일장춘몽(一場春夢) 156

사랑 158

그해의 함박눈 159

복이 옵니다 161

마중 162

모모 163

봄비 2 164

시(詩)의 마음 165

그리움이라 불리는 사람 167

그리움 3 169

천군만마(天軍萬馬) 2 170

행복을 주는 사람 171

제5장 4악장 : 시, 그 삶의 울림

바다와 인생 174

행복한 치매 176

밥이 된 사랑 177

개똥철학 179

명상 예찬 181

운수 좋은 날 183

임이시여 184

동창생 185

눈부신 사람 187

할미꽃 189

아침 인사 190

사랑은 192

그 여자 193

날마다 당신 194

해와 달의 일기 196

해와 달의 인사 198

만추(晩秋) 200

고독 202

낭만 자객(刺客) 203

시(詩)가 우는 밤 204

마음이 웃는 사람 206

공(空)과 자유 208

꽃 편지 209

제6장 앙상블 : 김정선 시선(詩選)

솟대와 나   212
이름 하나   214
그대라는 사람은   215
가을비로 쓰는 일기   216
꽃과 얼굴   218
핸드폰 같은 사랑   219
마음의 문   220
꽃과 너   222
사랑 타령   224
당신   226

맺음말   228
출간후기   230

제1장

서주序奏

: 바람처럼 다가온 시

6월의 기도

지금껏

보고 만난 사람들이 서로
사랑하게 하소서.

서로서로
행복하게 하소서.

이 하늘 아래 다시는
전쟁이 없게 하시고

일으키는 자 단칼에
하늘의 뜻으로 베소서.

자연을 거스른 죄와 그 위험을
알게 하시며

하늘과 땅의 뜻도 겸손히
알게 하소서.

우리가 지금껏

보지 못하고 만나지 못한 세상 사람들이 서로
사랑하게 하소서.

서로서로
아름다운 이웃이게 하소서.

(2024. 6. 13.)

강물은

그렇게 강물은
생(生)과 사(死)가 언제나
바다와 맞닿아 있는 것이다.
폭포처럼 소리하며 떨어지지도 않으며
생의 어귀를 자유로이 돌고 돌아
새벽의 꿈도 깨우며,
삼라만상(森羅萬象)을 온 우주를 품으며
태초에 대지의 어머니가 키울 수 없는 생명들을
죄다 키우며,
심지어 너의 그림자조차 가슴에 안고
모든 산을 끼고 유유히 흘러
생의 수레바퀴 하나 요란하게 흙탕물에 쓸려
떠내려가던 그 밤도
마지막 희노애락(喜怒哀樂)까지 자유로이 비워
산과 세상의 산맥들을 모조리 훑고
내려오는 바람과 함께
결국 푸르고 푸른 바다로, 바다로
하염없는 기도처럼 가야만 하는 것이다.
그렇게 강물은 언제나

바다와

아름다운 생과 사가 맞닿아 있는 것이다.

(2024. 6. 18)

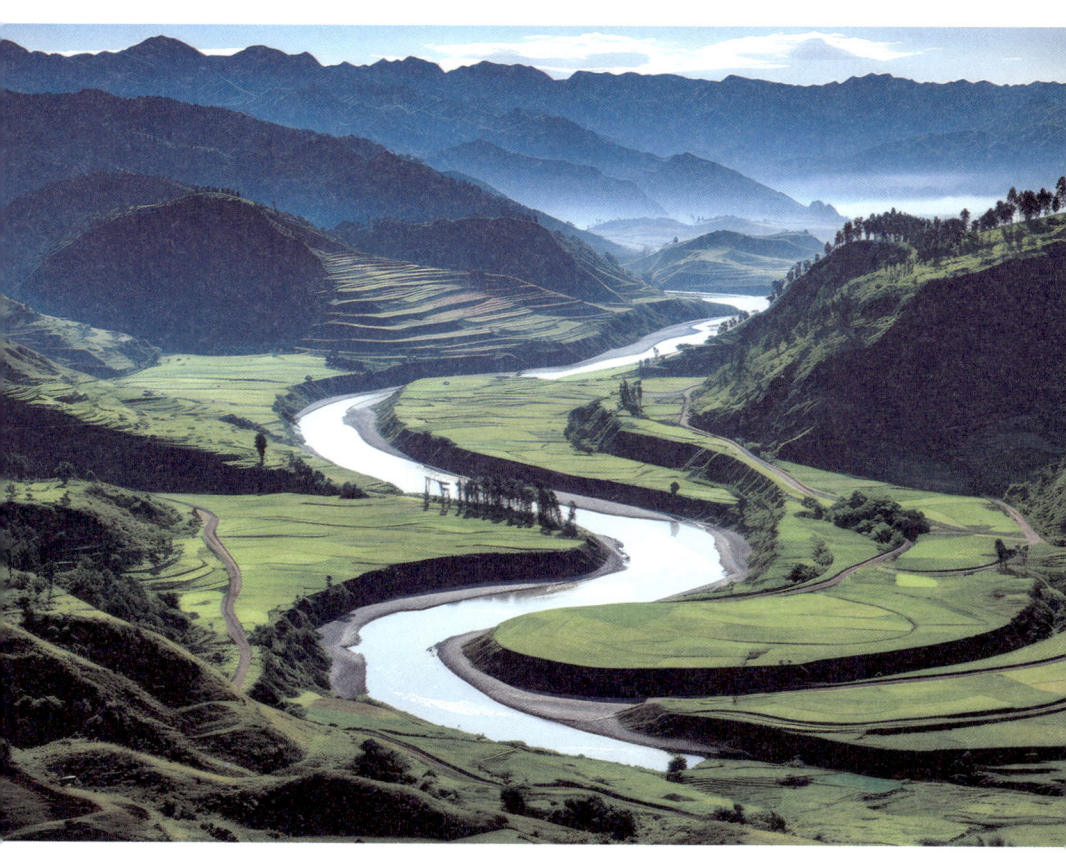

시(詩)의 눈물

인생 살다,
수없이
시가 와서 덥석 물었는데
난 늘 한눈팔다,
매번 헛챔질

찰나에 꿈을 접고
조용히 계절의 상(床)을 물리는데

저 우주 어디쯤서 왔을까?
바람의 위로에
가만가만 시의 눈물이 났다.

천년도 더 거슬러 올라가야
내려오는 길에서
겨우 만날 수 있는
아름다운 인연 하나

얼마나 반가우면
태고(太古)와 지금의
시가 서로 얼싸안고
펑펑 울고 있었다.

(2024. 7. 6)

오 인생이여

너와 내가 만난 수많은 사람들과
그리고 만날 수 없는 더 많은 사람들과
우리 한 치 앞 미래도 알 수 없는
인생이여

아무리 생각해도
하늘을 우러러 감사하고
속죄할 수 있는 시간은
바로 이 순간 지금뿐

천둥번개처럼 울림이
있는 시를 순간에 번쩍 써
네게 주고
조용히 가슴에 내려
행복으로 절인 운명 같은
사시사철 너의 옷자락
흔드는 바람 같은
사랑도
날마다 네게 주고 살아도

어찌 보면
사랑과 고독 기쁨과 아픔처럼
우리네 인생살이도
하루와 영원 사이에서 꾼
너무나 아쉬운

그러나, 그러나
너와 내게는
이 세상에서 가장 아름다운 한바탕의
꿈이었던 것을
오, 인생이여

(2024. 7. 12)

인사

이 세상에서 가장 아름다운
일초(一秒)의 시(詩)가 있다면,
이 세상에서 가장 빨리
그 사람에게
공손히 머리 숙여
존경과 사랑으로 웃으며
내가 먼저 인사하는 것입니다.

(2024. 7. 15)

46

기원 (祈願)

우리
함께 가자.

사랑과 평화는
함께
환희와 기쁨은
나란히
믿음과 소망은
줄지어

우리
다 함께 가자.

정과 나눔은
함께
겸허와 공손은
나란히
웃음과 미소는
줄지어

우리
다 함께 가자.

지구에서
가라.

전쟁과 코로나는
함께
미움과 증오는
나란히
시기와 질투는
줄지어

지구에서
다 가라.

독재와 이념은
함께
욕심과 욕망은
나란히
거짓과 속임수는
줄지어

지구에서
다 떠나라.

그리하여
세상의 모든 악이 소멸하여
선한 것과
아름다운 것만 남아라.

(2022. 8. 5)

시 (詩) 와 사랑

날마다
오늘은

시 (詩) 와 사랑이
처음 걷는 길

삶의 노래 늘 바람처럼 불어
찰나의 매 순간에
다시 천지개벽(天地開闢)

날마다
새로운

사랑과 시도 자유로이
함께 걷는 길

사랑은
하늘의 은총으로
시는

땅의 축복으로

일 년 삼백육십오 일
행복의 밧줄을 서로 당기지만

지는 쪽도
이기는 쪽도

언제나 행복합니다.

(2024. 7. 27)

49

달의 기도

아주 작은 지구에
오순도순
생명들과 함께 인류(人類)가 모여 살고

쓰다만 시(詩)가 남은
허전의 밤

어쩌나 사랑이 잠든 사이
꽃이 피고 바람이 불고
저마다의 별이 뜨고
달이 떠, 불사(不死)의 달이 떠
세상을 고루 비추고
생명들과 우리들의 소원이
다 이루어질 때까지
온밤 내내
다함이 없는 달의 기도는
영원하여라

(2024. 8. 13)

삶

백 년 삶이라
오호 아주 작고 큰 희노애락(喜怒哀樂)
구순(九旬)은 하늘이 내린 벼슬
산수(傘壽)는 애오욕(愛惡慾)에
하늘 우산 하나 씌워
비우고 공손하라 하고,
고희(古稀)가 엊그제였는데
사랑과 감사의 마음 어디에 내놓아도
하늘과 땅, 사람과 법도에 걸림돌이 없었는데
환갑(還甲)은 무슨 환갑
누가 천명을 알았단 말인가?
불혹(不惑)은 또 무슨 불혹
그대와 난 이립(而立)은 하였던가?
아, 이팔청춘의 꿈을 꾸고
불타는 사랑도 잠깐
다시 영원한 동심
날마다의 인연들이 우리 삶을
아름답게 수놓고 있었구나.

(2024. 8. 26)

날마다 지각

그대와 나 우리의

시간과 세월
인생이 함께

그리고 동심(童心)과 청춘
아름다운 노년이

행복의 집에서
온종일 웃다가

기적을 몰고
세상의 감사를 모두 데리고
돌아오는 날은

눈먼 사랑이 잠깐 한눈팔다,
어제도 오늘도
날마다 지각입니다.

그래도 누구 하나
나무라는 이 없이
그저 웃지요.

(2024. 8. 31)

9월의 노래

9월에는
날마다

당신을 위한
기도의 날이게 하소서.

당신의 기도 안에
함께 사는 나도
서로 간절한 기도이게
하소서.

분초(分秒)로
행복이 찾아오는

9월에는
수시로

당신을 위한
사랑의 시간이게 하소서.

당신의 사랑 안에
함께 사는 나도
서로 간절한 사랑이게
하소서.

하루건너
기적이 찾아오는

9월에는
영원히

당신을 위한
감사의 연속이게 하소서.

당신의 감사 안에
함께 사는 나도
서로 간절한 감사이게
하소서.

(2024. 9. 1)

인연

바람의 동서남북
꽃들의 생애
꼭 나이만큼
우주의 하루를 살다가
하늘과 땅
지구에 사는 한 사람 한 사람들의
신께 감사하며
별의 오늘과
생명의 지금
그 영원한 기도 사이에서
기적처럼
드디어 너 하나를 만나
(...........)

(2024. 9. 17)

10월의 기도

오늘
하루를 산다 해도

너무 행복하여-

세상천지에
감사가 아닌 것은 하나도 없습니다.

하루 종일
후회 없이 하나 아쉬움 없이
말끝마다 감사를 달고 살다가

하늘이여,

하루의 시작과 끝이
감사이게 하소서.

오늘
하루를 산다 해도

너무 감사하여-

이 세상천지에
사랑이 아닌 것은 하나도 없습니다.

온종일
샘처럼 샘물처럼 샘솟는 감동
그 생각마다 사랑을 주고 살다가

임이여,

하루의 시작과 끝이
사랑이게 하소서.

오늘
하루를 산다 해도

너무 사랑하여-

우리 세상천지에
기도가 아닌 것은 하나도 없습니다.

진종일
생(生)의 흔적은 기적
한 걸음마다 절로 나오는 기도를
입에 물고 살다가

아, 아름다운 임이시여

하루의 시작과 끝도
기도이게 하소서.

(2024. 9. 27)

시(詩) 한 편의 기억상실

동지섣달 긴긴밤
눈 뜨면 그리움의 빛
눈 감으면 어느 먼 곳의
사랑의 소리
즈려밟고 내리는 눈에

밤새 시 한 편 붙잡고
씨름 한판
새벽 잠깐 조는 꿈결 내내
제멋대로 휘감긴
멋들어진 시를 쓰다가

누구네 첫닭 울음소리에
화들짝 깨어
아무리 기억을 더듬어
찾고 찾아도
깜깜하게 잊어버린
그리운 사람의 이름처럼

눈 뜨면 그리움의 빛
눈 감으면 어느 먼 곳의
사랑의 소리
즈려밟고 내리는 눈에

아-
그 두 줄 외에
아무것도 기억나질 않았다.

그날 그 함박눈이
시(詩)도 세상도
모든 길도 다 지우고
아예 덮어버렸다.

(2024. 10. 8)

행운

여보게
우리 더 이상 오르려 용쓰지 말자.
미끄럼틀처럼 신나게 놀다,
미끄러지듯 내려오자
바로 눈앞에 방긋 웃는
네잎클로버

(2024. 11. 5)

인생

1
참 인생 잠깐이라네.
잠시 머물다 떠나는
나그네처럼
참 인생 잠깐인 것을

유년의 아침도
불타던 한낮도
쓸쓸한 저녁도
하루처럼
참 인생 잠깐인 것을

2
사랑만 하다 떠나도
주고 주어도
늘 모자란 시간 속으로
행인이 지나가고

결국 당신도

60

아무것도 가지고 갈 수 없다는 것을
그 세월을, 누구보다 잘 알면서도
버리고 비우고 다 베풀었다 해도
사람이라 어쩔 수 없이
끝내 손에 쥔 것 하나는
남아 있는 것을
또 행인이 지나가고

3
당신이 태어나 처음 본 사람과
만나고 헤어진 지금껏 본 사람과
헤어지고 만난
그리하여 생의 마지막 순간에 본 사람만이
당신의 영원한 인연
바로 인생이죠.

수없이 행인이 지나가고
그 스치는 행인처럼
바람처럼 눈 깜빡할 사이
그것이 인생
참 인생 잠깐이라네.

(2024. 11. 12)

인연 2

생(生)의 길을 따라
그 여자가
그 남자가 내게로

한 사람이 온다는 것은
한세상을 몽땅 지고
함께 온다는 것이다.

보석 같은 그 여자는
한 소녀를 데리고
고단한 바람의 강을 건너
지금의 사랑
최후의 꿈까지 죄다 데리고
낭만을 잃어버린 사막의
탱크 군단처럼
어마어마한 에너지로
내게로 와 인생이 된다.

한 사람이 온다는 것은
한 우주를 이고
다 함께 온다는 것이다.

황금 같은 그 남자는
한 소년을 데리고
요란한 태풍의 바다를 건너
세월 그리고 지금의 행복
최후의 기도까지도 전부 데리고
시절을 만나
천지에 꽃피우는 비의 전령
바람의 군단처럼
영원으로
내게로 온다는 것이다.

그리하여
그 여자와 그 남자는
하늘이 맺어준 운명처럼
아름다운 인연으로
내게로 와 생명이 된다.

(2024. 11. 27)

빛

하늘과 이 땅의 사람들에게
그리고 가장 가까운
한 사람에게 진 빚보다

나 자신에게 진 빚이
너무 많아
갚을 길이 하 막막하여
세상 어디에고
빌 곳이 없습니다.

(2024. 11. 29)

나의 삶

늘 사랑과 포옹하고

항상 기적과 악수했다.

날마다 감사하여

기도와 입맞춤했다.

(2024. 12. 14)

65

새해

1
왔다 그 여자가
새해 아침
밤을 꼬박 새우고

아무 기별도 없이
생(生)의 날것 고대로

최초의 아름다운 꽃으로
꿈으로 희망으로
제야(除夜)의 마지막 남은 검은 눈물
그 어둠까지 모두 제치고
기적처럼 당신에게
내게 와
네잎클로버 행복이 된다.

2
왔다 그 남자가
새해 아침

오랜 소망대로
온다는 약속도 없이
생애 최고의 반짝이는 별로 사랑으로
처음 느낀 삶의 기쁨으로
그렇게 웃으며

세상에 남은 모든 아픔과 미움
전쟁까지 다 지우고
날마다 새것 그대로
저절로 아침이 오듯
당신에게 내게로 와
또 다른 우주
영원이 된다.

(2025. 1 .1)

공(空)과 허(虛)

공(空)과 허(虛)의
그대는

하늘로, 하늘로 높이 올라갈수록
몸 하나는

가물가물하여 보일 듯 말 듯
아주 작은 점이었다가
순간
아무것도 아니었다가
다시 공(空)이었다가
허(虛)의 집이었다가

찰나에 몸은
그렇게 왔던 곳으로 돌아가고

생(生)의 바람처럼
생각과 사유의 경계를 허문
자유로운 영혼 하나는

온 하늘을 안고 대지 위에
가뿐히 가부좌를 틀고
성인(聖人)의 자리에
우뚝 앉아 있네.

허(虛)의 세상에
하나면서 전부이고
전부면서 하나인 모든 것은
이 우주를 꽉 채운
공(空)이라네.

(2025. 1. 5)

제2장

1악장

: 이름 없는 사랑의 그림자

한 몸

지금 누가
대한민국을 흔드는가?

좌(左)를 때리고
우(右)를 욕하는 이는
누구인가?

우를 죽일 놈이라 하고
좌를 맹폭(盲爆)하는
이는 또 누구인가?

아서, 아서라
극(極)은
넘지 마소.

왼쪽도 내 손
오른쪽도 내 손
우린 하나 한 몸인 것을

좌도 우도
너무 귀한
위대한 대한의 한 몸
하나인 것을

대한민국을
지금 누가 흔드는가?

(2025. 1. 3)

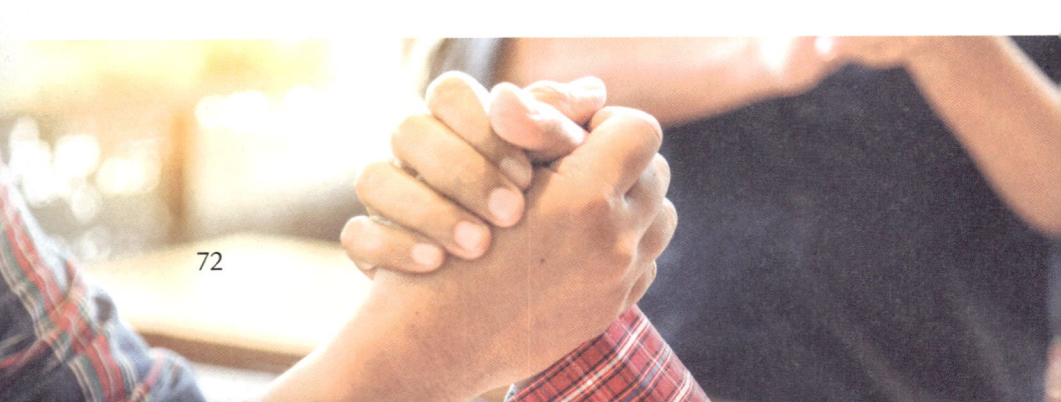

안부

1
살다가 살다가
가끔 저 십자가의 빛까지 놓치고
여태껏
하늘 말씀을 좇는 목사님의 말씀이
구구절절(句句節節) 가슴에 닿아
순간에 놓친 바람처럼 나를 울리고
한순간
하늘 별들이 수없이 쏟아져
비처럼 사랑비로 내리는데

2
또 살다가 살다가
우주를 좇아 산으로 들어간 스님이
이제야 진아(眞我)를 만나
비로소 하나 되었다고
놓친 세월만큼
마음을 치며 외는 스님의 염불 소리는
생사(生死)를 초월한 기쁨의 말씀으로

가슴에 박히고
한순간
하늘 별들이 수없이 쏟아져
비처럼 사랑비로 내리는데

너도 없고 나도 없이 텅 빈 하늘은
무한의 하늘 말씀을 뿌리며
아무 일도 없었다는 듯
다시 눈부시게 태양을 띄우는데

두 분
인자(仁者)께서는
잘들 계시온지요?

(2024. 7. 24)

안부 2

늘 생각만 키우다,
오늘 새벽
문득

늘 기억 속에 나오다,
오늘 아침
별안간

청사초롱
마음의 궁궐로 초대한
아름다운 당신
당신을 위해서

오색 사랑
가슴의 궁전에 초대한
보물 같은 당신
당신을 위해서

변함없이
날마다 그리워했는데
잘 지내시는 거죠?

한결같이
날마다 기도하였는데
잘 지내시는 거죠?

(2025. 1. 18)

풍경

매서운 북풍이
온통
세상을 꽁꽁 다 얼려도

겨울이 너무 예쁜 건
꼭 꽃을
데리고 와요.

동장군(冬將軍)이
제아무리 기승을 부려도

겨울이 너무 착한 건
꼭 봄을
데리고 와요.

겁도 없이
대한이 소한 집에 놀러 왔다,
비명횡사(非命橫死)한 날도
수천의 얼음장을 쩡쩡 가르며

그토록 얄밉던
겨울이

예쁜 겨울이
착한 겨울과 둘이
꼭 봄을
데리고 와요.

(2025. 1. 13)

세 사람

주고 베푸는 것이 너무 좋아
자신을 낮추어 늘 겸손한
그 사람은
평생 감사하며 사는 사람입니다.

하늘에 부끄럼 없이
눈물 같은 사랑을 하고,
자기를 버리고 대의(大義)를 세워
하나 흔들림 없이
따뜻한 가슴으로 사는
그 사람은
평생 사랑하며 사는 사람입니다.

저 산도 움직이는
심연(深淵)에 뿌리를 내린
바위 같은 신앙으로 믿음에 둘러
사랑의 얼굴로 곱게 늙어가는
그 사람은
평생 기도하며 사는 사람입니다.

날마다

천(天)

지(地)

인(人)이 보우하사

기적과 악수하며 사는 사람들입니다.

(2025. 2. 15)

그리움 2

징검다리 위에서

너를 피해
지나갈 수도
업고 건널 수도 없었다.

돌마다
살얼음이 낀
징검다리를 사이에 두고

우린
평생 얼음이 되었다.

(2025. 2. 15)

80

견우와 직녀

하늘과 땅이 점지하사
인연이 된
너와

하늘과 땅이 그렇게 버려
이별이 된
나는

영영 해와 달 같은
우리는

칠월칠석
일 년에 딱 한 번
비 오지 않는 밤

오작교(烏鵲橋) 다리 위에서
기적의 해후

일 년 그리고 천년의
아름다운 전설로 산다.

(2025. 2. 28)

소쩍새

해거름의 갈대처럼
혼자서 운다.

누군가의 꽃이 되지 못하여
사랑도 되지 못하여

봄 한철 밤을 새워 우는
소쩍새의 울음에

아예 봄비는
젖어서 내린다.

갈대의 순정처럼
누군가를 가장 그리워할 때

소쩍새는 딱 한 번
외롭다고

목이 터져라,
가슴으로 운다.

(2014. 5. 27)

화살

그날
네가 쏜 첫 번째 화살은

내 순수의 생각을 뚫고
오랜 세월을 날아
정확히
그리움의 정중앙에 꽂히었다.

또
네가 쏜 두 번째 화살은

내 어린 가슴을 뚫고
사랑의 옆을 스치듯 지나가
시간의 강에 사르르
모로 누웠다.

그리고
네가 쏜 마지막 화살은

내 푸른 청춘을 뚫고
너무 아픈 이별의 시간을
한없이 날아와
허상(虛像)의 사랑 그 눈물에 튕겨
부러진 채로

이별의 순간처럼
영원에
멈춰 버렸다.

(2525. 3. 11)

약속

2년 후
5년 후의 당신은

십 년 후의 나와
반가이 만나
악수하여야 한다.

서로의 소망대로 간절한
꿈은 이루었는데

신앙처럼 맹세한 굳은
약속은 지키었는지

우리의 사랑이 얼마나
더 크고 성장했는지
그간의 안부를 물으며

빛나는 미래의 당신과 나는
뜨겁게 포옹하여야 한다.

천지(天地)에 한 점 부끄럼 없이
아름다운 영혼으로
그렇게 만나야 한다.

(2025. 3. 20)

속죄 (贖罪)

하늘 그물이 내게 내려와
여태껏 지은 죄는 다 바람 그물 사이로
빠져나가게 하시고
다만,
태초(太初)의 사랑 그 눈물로나
펑펑 울게 하소서.

(2025. 3. 15)

신이시여

하나님 부처님
알라여 천지신명이시여!

우리를 다만
이 악마의 손아귀에서 구하소서.

헬기로 소방 인력으로
죽을힘을 다해도 우리의 힘만으론
죽은 듯 숨어있다 다시 살아
미친 듯 번지는 저 불길을

강풍의 회오리를 타고
산과 산을 산과 마을을
제멋대로 넘나들며
금수강산을 초토화하는 저 비화(飛火)를
불귀신을 잡을 수도 끌 수도 없나이다.

벌써 수많은 사람들이
화마(火魔)에 휩쓸려

천금의 보금자리와 목숨을 잃었나이다.

우리를 다만
천(千)의 죄에서 사하옵시며

전지전능의 힘으로
초조와 불안 걱정과 슬픔에
영혼까지 몽땅 털려버린 저희를
어서 구하옵시며,
저 악의 불길을 당장에 끄시옵소서.

(2025. 3. 26)

4월의 기도

4월에는
꼭

더도 덜도
말고

바람의 기도 만큼만
이루어지게 하소서.

4월에는
꼭

세상사 모든 일들이
너무 늦은 것도
너무 빠른 것도 없이
지금 간절함 그 소망대로
눈물 없이 아픔도 하나 없이

꽃 피듯 4월의 마음처럼
모두 다 전부

꼭 이루어지게 하소서.

(2025. 4. 3)

하루

너무

반갑소
고맙소

······
······

아쉽소
인생이란 참

(2025. 4. 12)

기다림

1
꿈에 본
누이 생각에
선잠 깨어 뒤척이는 밤

벌산의 둥지서 날아 온
수리부엉이는
서낭나무 가지 새서
밤새워 울고,

바지런하신
너브내[*] 돌담집 할머니는
새벽기도를 마치고
벌써 돌아오시는가 보다.

우리 집
누렁이가 짖는다.

* 너브내는 강원특별자치도 홍천군 북방면 화동리에 있는 마을 지명

2
까치 까치설날이 오늘이라고
담장 밖
참배 나무 눈꽃 가지 위에
까치네 일가
번쩍거리는 광택의 검은빛 날개
설빔으로 뽐내고
긴 꼬리를 위아래로 실룩샐룩
아, 백(白) 꽃가루 흩날린다.

섣달의 마지막 해는 이미 중천인데
정다운 이웃들은
늦추어 잘도 오건만
서울 간 누이는 소식도 없고,
일곱 시간을 사방거리 정류장에서
기다림에 맴돌고, 맴돌고
맴돌다 지쳐
저녁나절 집으로 오다.

우리 집
누렁이만 반긴다.

3
기다림도 접은 설날 해거름
천사처럼 노을을 밟고 온 누이는
가난한 아버지의 품에
금송아지 한 마리 안겨 드렸다.
우리는
고마움에 미안함에
눈물 젖은 식빵을 먹으며
웃으며 감격해했다.
그 시절 누이는
식구들에게 기쁨을 주는
기적의 들무새였다.

그날 밤
우리 집 누렁이도
기뻐서 울었다.

4
늘 받는 것보다
주는 것을 좋아하던 내 누이는
불행히 젊은 날 홀로 되어

죽도록 고생살이하다,
다행히 늦복이 터져
주(主)의 종으로
이역만리(異域萬里) 미국 땅
필라델피아에서 행복하게 산다.

기약 없는
백 년 기다림은
다시 시작되었다.

(2025. 1. 13)

포장마차에서

봄비는
포장마차의 지붕 위로 가장 먼저 내린다.

바람이 휙 하고 포장마차 안을
단번에 휘적시고 돌아가자
하나둘 비에 젖은
사람들이 비틀거리며 떠난다.
한잔 술에
뜨거워진 60촉 백열등이 위태로이
천장에 거꾸로 매달려 간단없이 흔들거리고
그 빈자리에
비에 젖은 옛사랑이
살그머니 들어와 앉는다.
깜짝 놀라 뭐라 말하기도 전에
추억은
옛사랑을 술잔 위에서 춤추게 한다.

잘 찍어낸 스크린의 한 장면 같은
낡은 흑백의 풍경들이

보고 싶은 얼굴들이
첫사랑이
어렵사리 빗속을 뚫고 와서는
주마등처럼 스쳐 간다.

그해 봄
그날 금방 필 것 같던 잎망울이
잎샘추위에 못내 몸부림치던 밤 이슥토록
추억은 빗소리가 되어 강물처럼 흐르고
비에 젖어 온
난생처음 받아 본 편지에
내 가슴패기는
막 잡은 작은 새의 심장같이
콩닥콩닥 마구 뛰었다.

그해 여름
날마다 싱싱한 아침 햇살로
튼튼한 울타리도 세우고,
순결한 청춘으로 옹골진 집도 지어
성하(盛夏)의 밤낮을 뜨겁게 사랑했으나
그것은 영원히 미완(未完)의 사랑이었다.

그해 가을
해는 하늘로 더 높이 올라가고
서리꽃 칼바람이 하얗게 내려오는 날,
허망이 옛사랑은
단풍나무 새로 난 작은 숲길을 돌아
흙먼지 뽀얗게 이는 신작로를 따라
하염없이 홀로 떠났다.

그해 겨울
요량(料量) 없이 저지른 한때의 불장난에
독(毒)배인 말 한마디에 무례한 행동에
우리의 사랑은 굳은 맹세는 착한 꿈은
손쓸 겨를도 없이
삽시간에 산산이 부서져 끝장이 났다.

그리고 다시 봄
나이 불혹(不惑)이 넘도록
이별 하나 묻어버리지 못하는 세월이 야속한데
저리 봄비는 밤새워 지짐거리고,
마지막 손님이 나가기를 기다리다 지친
늙수그레한 주인은
그녀의 유일한 백열등과 함께 흔들리며

번뇌에 들어 잠깐 쪽잠을 자다,
경춘(京春)선 열차의 기적 소리에
화들짝 깨어
나를 빤히 쳐다본다.

술에 젖은 언어로
나 그대에게 옛사랑을 물으니
그대는 말없이 두 손을 내민다.
아, 벌써 여명(黎明)이다.

봄비는
추억이란 또 다른 이름으로
포장마차의 지붕 위로 가장 늦게 내린다.

(2011. 5. 13)

혼자 쓰는 시

시(詩)가 때로
잘 말린 오징어 같을 때

저기 숲정이 어딘가에
꼭꼭 숨어있을 뻐꾸기의 둥지처럼
달콤한 시어(詩語) 하나 찾지 못하고
허둥거릴 때

난생처럼 맞선보고 온 날 밤
처녀의 속마음같이
비밀스러운 그 시의 속내가
내리 궁금할 때

그대의 시를
엎어도 보고 뒤집어도 보고
바로 읽고 거꾸로 읽어도
태생이 느리광이인 내게는
무속(巫俗)의 그것처럼
아주 난해하게 느낄 때

나는 절망한다.
때론 미칠 듯이 괴로워했다.

그래서일까
마치 외래어인 양 보면 볼수록
낯선 언어들은 또 어찌할까.

때때로 지인(知人)의 도움을 받고서야
비로소 시가 되는
암울한 시대에 사는 나 역시
그런 시를 써야 한다는 것을
절절히 안다.
아는 그 순간 나는
난해의 꽃봉오리 앞에서
장렬히 절규하였다.

그대의 시는
속이 깊을수록 뜻이 멀어지는
은유(隱喻)의 구중궁궐이다.
맞은바라기 첩첩(疊疊)이 산중(山中)이다.

나의 만류에도 아랑곳없이
참 잘 쓴 그대의 시는
서정도 낭만도 가래톳처럼
사타구니에 꼭꼭 숨기고,
숨기면 숨길수록 그대의 따뜻한 가슴이
아만(我慢)의 굴레에서 빠져나오는 것을
나의 마음은 살짝 엿보았다.

잘 말린 오징어가 제아무리 질겨도
질경질경 오래 씹을수록 감칠맛이 나는 법
그게 사랑 아닌가.
그것이 시(詩) 아닌가.

(2021. 7. 6)

101

이별이 아름다운 이유

이별이 이 세상에서 가장
아름다운 고통이었다.

그날처럼
세상에 혼자 남아
외로이 울어본 적은
단 한 번도 없었다.

제아무리 세월이 빨리 가도
날이 가고 달이 가서

이제 그 얼굴마저 가물거려도
어쩜 이름만은 이다지도 생생할까.

아, 이별이 남긴 그리움의 거리가
이런 것일까.

정녕 그대는 아시는가?
이별이 아름다운 이유를

그날 흘린 눈물이
여태껏 남아

슬프도록 아름다운 그리움의 전설로
해마다 첫눈이 되어 내린다는 것을

(2020. 1. 4)

하루살이

하루가 일생(一生)이고
일생이 하루인
내가 만일 하루살이라면

치열한 사랑 외에
무엇을 할까?

당신이 만약
하루가 전부이고
전부가 하루인 하루살이라면

치열한 사랑과 화려한 섹스 외에
무엇을 할까?

우리가 만일 하루살이라면
치열한 사랑과 화려한 섹스
그리고 장엄한 죽음 외에

이별이 없는 이 우주에서
무엇을 할 수 있을까?

(2020. 1. 2)

104

봄비

그리운 이의 눈 속으로
잽싸게 들어가자,
창문 너머 옛 생각이
빗소리에 매달려 와
사랑비로 속살거리고,
나는 금방
그 사람의 사랑이 되고 행복이 되어
아, 어느새 온 세상을 다 가진 우주가 된다.
행복한 이의 귓속으로
바람같이 들어가자,
천지간(天地間)에 웃음소리
영원의 미소가
천상의 말씀처럼
방언(方言) 위에 빗줄기로 쏟아지는데,
그때 얼른
깨달은 이 성현(聖賢)의 입속으로 들어가자.

(2025. 4. 26)

105

무서운 날

낮술에 취해
잠들었습니다.

저녁이 아침인 줄 알고
출근 준비를 서두르는데

아내의 호통 소리에
그만
또 혼절하였습니다.

(2025. 4. 26)

106

정 (情)

이렇게 좋은 봄날에
마음이 가난한 여자와
다시 열렬한 연애를 하는
예쁜 생각을
즐거운 상상을
고운 정(情)을
한 남자의 아름다운 로맨스(romance)를
놓고 갑니다.
아무나 가져가세요.

(2022.4.17.)

제3장

2악장

: 계절의 기도

사진

찰칵 바람처럼 왔다,
찰칵 바람처럼 떠난
그 사람은,
날이 가고 세월이 갈수록
아름다운 순간만은 잊지 말자고
빛바랜 사진 속에서
하하 호호 그저 웃지요.

(2024.7.21.)

부부(夫婦)

부부란

막 잠드는 찰나부터
잠의 절정
막 잠에서 깨는 순간까지

하루 종일
서로를 그리워하는 일이다.

그리다, 그리다가
부부는

목숨보다 더
기도보다 더 아름다운 고도(高度)의
사랑을 안고 가
생(生)의 마지막 영혼까지
초월적 신앙으로

그렇게 그렇게
서로를 닮아가는 일이다.

(2024. 5. 2.)

4월의 마음

이렇게 천지에 꽃피는 봄날은
마지막 순간을
끝끝내 지켜주지 못한 나의 후회가
양지바른 언덕
그대의 작은 무덤을 찾아가
미안하다 미안하다,
홀로 우노라.

아 이제 누가 있어
나의 이름을
또 다정히 불러주랴.

인생은
슬퍼서도 울고
기뻐서, 기뻐서 더 많이 우는 것이라고
주는 것이 마냥 기쁨이라고
내게 가르쳐준 너의 사랑이
영혼과 영혼끼리 인사하는 4월의 마음처럼
그리 마주 앉아

둘이 우노라.

저 세월이
바람이 그대를 데려갔지만,
이 사무치는 그리움은
영영 오늘도
데려가지 못하는구나.

(2023. 3. 14)

나 한평생

나 한평생
설레며 본 것이
나뭇잎 흔드는 바람의
하루였네.

보랏빛 진달래꽃이
낮은 뒷동산
그리움의 터에 활짝 피면

마음은 벌써
봄눈 녹아 흐르는 냇가
고향의 풍경에 와 있다.

사랑의 할미새야, 오목눈이야
이 봄날에 어서
너의 궁전을 지으렴.

나는 또
딱지치기 구슬치기하던

순이네 너른 마당에
동심으로 돌아가 앉으련다.

나 한평생
설레며 본 모든 것이
다 사랑이었네.

(2023. 3. 7)

7월의 사랑

분수처럼
분수처럼

나
솟아올라

폭포처럼
폭포처럼

네게
떨어지리라.

(2023. 4. 2)

16

사랑의 둔갑술 (遁甲術)

저 사랑의 둔갑술을 보라.

사

랑

사랑사랑

사사사

랑랑랑

사랑사랑사랑사랑

사사사사사

랑랑랑랑랑

사랑사랑사랑사랑사랑사랑

아하!
사랑탑이네.

(2023. 4. 5)

시(詩)는

시(詩)는 늘
그 사람이 내게 오는 것이 아니라
내가 그 사람에게 가는 것이다.

내가 먼저
그 사람에게 가서
그의 꽃이 되는 일이다.
그의 사랑이 되는 일이다.

시(詩)는 항상
그 사람이 내게 행복으로 오는 것이 아니라
내가 그 사람의 행복으로 가는 것이다.

내가 먼저
그 사람에게 가서
그의 별이 되는 일이다.
그의 마음이 되는 일이다.

시(詩)는 언제나

그 사람이 내게 기도로 오는 것이 아니라
내가 그 사람의 기도로 가는 것이다.

내가 먼저
그 사람에게 가서
그의 꿈이 되는 일이다.
그의 소망이 되는 일이다.

시(詩)는 그리하여
그 사람이 내게 희망으로 오는 것이 아니라
내가 그 사람의 희망으로
가는 것이다.

내가 먼저
그 사람에게 가서
그의 아침이 되는 일이다.
그의 오늘이 되는 일이다.

(2023. 2. 27)

어떤 이별

이승과 저승
그 사이
순간
천하(天下)가 왔다 갔다.

(2023.2.22.)

인생길의 여울에서

굽이굽이 돌아 바다로 가는
저 강물처럼
우리 인생길도
사랑의 여울에서
잠시 쉬어 있다가 가세나.
나이 들수록 듣는 귀가 순하여
타인을 보는 눈이 관대하고
마음에 걸리는 시비(是非)가 없으니
날이 갈수록
정이 깊어지는 사랑의 사람아.
오늘도
성현(聖賢)의 말씀에 귀 기울여
가슴에 새겨 마음의 거울로 삼고
만천하(萬天下) 자연의 소리와 경치에
실로 감격하여
하늘을 우러러 감사하며
그리 머물다 가세나.
아직 남은 애증의 그림자도
헛된 욕심과 꿈도 다 내려놓고

훨훨 자유로이
우리들의 아름다운 내일을 위하여
인생길의 여울에서
잠시 쉬며
사랑하다 가세나.

(2023. 2. 16)

말의 힘

그대는 가끔
나를
생각하는 사람이 되게 한다.

말의 힘이다.
말의 힘은 그만큼 무섭다.

당신은 종종
나를
엄청난 사람이 되게 한다.

말의 힘이다.
말의 힘은 그만큼 대단하다.

어느 날
무서운 무기가 되어
사람의 마음을 베기도 하지만
한 사람의 아름다운 운명을
좌우하는

말의 힘은
정말 놀랍다.

(2023. 2. 11)

사랑의 눈물

내 나이
이순(耳順)하고도 중반
당신을 위해
여태껏 흘린 사랑의 눈물을
다 모으면
이 접시 하나 채울까.
오늘도
째깍째깍 사랑의 초침은 잘도 돌고
나는 날마다
사랑의 감옥에 갇혀
당신에게 찐한,
마음의 연서(戀書)를 쓴다.

(2023. 2. 6.)

124

시(詩)의 잔치

인고(忍苦)의 세월을 이긴
세상의 모든
사랑이
기쁨이

행복을 안고
소망을 업고
믿음을 데리고
아름다운 잔치를 연다.

보라! 이날은
세상의 모든 잔치가
한데 모여
아름다운 詩의 잔치를 연다.

꽃이 춤추고
별이 연주하고
바람이 노래하는
이 시의 잔치에서

눈이 부시게 푸르른 하늘을 닮은
기도의 사람들이
시의 천국을 합창한다.

(2023. 01. 26)

125

사랑의 그림자

1월에
철없이 비가 오네.

詩를
전혀 모른다던 그대는
어쩜 그리 시처럼 걸어오시나.

오, 그대 앉는 모습도
고대로 시요

기울이는 한 잔의 술도
그 표정도

그대의 말씀 또한
아름다운 詩人의 언어인 것을

나의 가슴은 먼저 알고
눈시울 젖네.

천상의 그리운 안부처럼
비 내리는 1월의 밤.

그대 잠시 떠난 자리마다
시가 되어 앉는
절절한 사랑의 그림자.

그 사랑에
감전된 나

(2023. 01. 16)

시의 개벽(開闢)

꿈에
성인(聖人)께서

보따리 세 개를 보이며
"한 개를 가져가라" 하고
홀연 사라지신다.

큰 보따리
중간 보따리
아주 작은 보따리.

나는 그중
가장 작은 보따리를 택해
풀어 본 순간

눈에 확 띄는
시집 한 권.

나는 너무 좋아서
아이처럼
깡충깡충 뛰고 있더라.

다시
성인께서
또 오시어

"큰 보따리는 황금 덩어리,
중간 보따리는 돈다발이니라" 하시며
빙그레 웃으며 사라지신다.

아!
나는 깨어
시의 개벽(開闢)을 열었다.

(2023. 1. 4)

그리움의 사중주(四重奏)

봄은 언제나
그리움의 연서(戀書)를 쓴다.

여름은 해마다
답장 없는 그리움.

저 가을이
어라,
그리움 하나 입에 물고
담장 너머에 기웃기웃, 몰래
사랑 하나 놓고 달아난다.

아, 나더러 어쩌란 말이냐.

겨울은 아예
그리움의 보따리를 한꺼번에 풀더니
자리를 깔고 앉네.

(2023. 1. 4)

130

눈(雪)의 노래

이렇게 펑펑 눈 오는 밤
나의 마음은
설국(雪國)의 꿈속에서
눈보다 하얀 백지 한 장이 된다.

쓸쓸한 그대 밤새워
놀다 가라고
마음껏 낙서하고
우리가 매일매일 가슴에 품는
시 한 편 쓰라고
이렇게 펑펑 눈 오는 밤
나의 마음은
눈보다 하얀 백지 한 장이 된다.

바다에 저리 내리는 눈은
아무 자취도 없이
금방 바다가 되는 것처럼
그대의 마음도
내 맘속에 들어와

아무 흔적도 없이
우리는 아리따운 하나가 된다.

지금, 이 순간이 지나면
다시는 못 볼
이렇게 펑펑 눈 오는 밤은
홀로 꿈속에서
인고(忍苦)를 달관하는
아름다운 사람아,

아! 안녕은
오는 이의 반가운 안부일까?
가는 이의 그리운 인사일까?

그대여 그럼
안녕히.

(2022. 12. 12)

시 (詩)

詩는
당신이 보이는 거울.

마음이 수시로 보내는
따뜻한 교신.

과거로부터 지금 막 도착한
착한 만남처럼
당신에게 미안한 것들이
한데 모여 쌓인 슬픈 후회.

詩는

주고 주어도 모자람만 남는
사랑 같은 것.
어떤 시련에도 휘둘림이 없는
믿음 같은 것.
당신을 위해서 기꺼이 나를 버
리는
목숨 같은 것.

여명(黎明)에서 빛의 속도로
당신에게로 가는 나의 기도는
시의 전설로 남아
그리움이 된다.

(2022. 12. 5)

산은

고요하나 고요를 깨치며 오는
스님의 변화무쌍(變化無雙)한 독경 소리처럼
산은 늘
소리 없는 변화의 귀재(鬼才)

옷을 벗고 옷을 입는
산의 아름다운 풍경은
춘·하·추·동
생명들이 사는 소중한 집

전쟁을 모르는 산은

언제나
바람의 소설
풀과 나무의 노래
꽃의 시 뭇 생명의 서사시(敍事詩)를 쓰는

간절히 기도하는 어머니
사랑이 된다.

(2022. 11. 29)

주목(朱木) 옆에서

그대의 기도는

하늘에 닿고
땅에 닿아

하늘의 사랑으로

살아서
천년

땅의 축복으로

죽어서
또 천년을 산다.

아 저리 늠름한
사계(四季)의 왕좌여!

그대의 영혼은

아주
조금씩 조금씩 하늘로 가고
그대의 생은
아주
천천히 천천히 땅으로 와서

살아 천년
죽어 천년

생사(生死)를 초월한

그대의 아름다운 일생을
완성한다.

(2022. 11. 21)

비밀의 문

너는 언제나 나의

비밀의 문을 여는
오직 한 사람

너로 하여 열리는
사랑의 문

사시사철을 아는 너는
봄 햇살의 보드라움
꽃의 미소
달빛 엽서처럼
고요를 뚫고 오는 그리움

노을에 비켜선 무지개
삼복(三伏)에 더 불타는 사랑
그리하여
첫 입맞춤의 허전함
절로 흐르는 환희의 눈물
너는
나의

바람이 자는 여명(黎明)의 생동감
미치도록 설레는

단풍 들어 고운 단심(丹心)
그 단풍잎의 속살거림

첫눈의 기다림
잃어버린 첫사랑의
처음 편지

그리고 너는

새해 인사처럼
한 줄의 시
그 詩의 파라다이스
매일의 기도

너는 언제나 나의

비밀의 문을 닫는
오직 한 사람

너로 하여
닫히는 사랑의 문

(2022. 11. 21)

일기 (日記)

여명(黎明)에서 달이 지고
헤아릴 수 없는 별들과 이별하고
밤의 여인과도
아름다운 작별의 키스를 한다.

똑같은 하루
그러나 내일이 다른

신께서 기쁘다,
한없이 웃을 수 있는
새로운 오늘의 약속을 위하여

뭇 생명이 눈뜨는
설레는 아침
나는 갈대처럼 일어나

제일 먼저
거울을 보고 웃으며
감사의 기도를 한다.

생각의 깊이만큼
내일의 주인공이 되는 나

그리하여 나는
바람의 일생
저 세월을 낚는
생각하는 갈대가 된다.

(2022. 11. 14)

별의 하늘

가을밤
수없이 많은 별 중에
오직 그대의 별을 봅니다.

아주 오래
가만가만 보면
보일 듯 말 듯

그러나
눈부시게 외로이 반짝이는
작은 별 하나
그대의 별입니다.

여기서 거기까지는
까마득히 먼 하늘인데

그대가 보는 하늘은
거기서
또 어디까지인가요.

(2022. 11. 10)

137

제4장

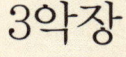

3악장

: 마음의 그림자

아. 이태원이여

아 그대들
눈은 감고 스러졌는가.

용산의 저 참담한 주검
꽃다운 넋을 두고
그 누구도
함부로
운명이라 말하지 마라.

너의 노래로
당신의 詩로
슬픈 우리들의 초상(肖像)으로

그 수많은
죄 없는 청춘을 기리고
청천벽력(靑天霹靂) 같은
부음에 무너진 가슴을

어느
하늘의 말씀이 있어
진정 위로가 된단 말인가.

단군 이래 우리는
한민족
한겨레

오천만 대한인 단 한 사람도
이 참사에서
자유로울 수 있는 이 누구런가.

우리의 정다운 이웃이고 아들, 딸이고
형제자매였던 그들과의 허무한 사별 앞에

단 하루라도
한없이 슬퍼하고
온몸으로 울어

그리하여 내일은
다 이겨내고
다시는 이런 일이 없도록
동병상련(同病相憐)의 정으로
똘똘 뭉쳐

강인하고 끈끈한 위대한 하나로
오늘은
간절히 기도하자.

(2022. 11. 5)

141

임과 그리움

1
저 별처럼
하늘 위에

하늘 아래
아무도 몰라
갈 수 없는 곳에 살아야
임과 나는
서로 그리움입니다.

2
그날
임과 웃으며 작별한 후
점점 멀어지는 인연이
하세월인데

해마다
꽃은 피고 지고
낙엽은 저리 휘날리는데
임은 詩가 되어
그 낙엽을 밟고 오신다지요.

꿈길을 걸어
기적인 양
천운(天運)으로 오신다지요.

3
그리움은
둘이 하나 되는 것이 아니라
영원히 하나여야 그리움이라는 님의 말씀에
귀먹고 눈멀어

이렇게 펑펑 눈이 오는 날은
임과 나눈 아름다운 약속이
아주 오래
가슴속을 휘돌아 사무치는
그리움이 됩니다.

(2022. 10. 24)

오늘은 진종일 비가 내리고

내일은
어서 꽃피우라고

오늘은
온종일 비가 내리고

내일은 우리 아들
어서 빨리 장가가라고

오늘은
진종일 비가 내리고

내일은 우리 아기
어서어서 깨어나라고

오늘은
하루 종일 비가 내리고

할미새 둥지의 어미 새는

식음(食飮)도 잊은 채
즐거운 포란

아주 가까운
아름다운 날에

그 어미 새는
마스크를 벗은
맨얼굴의 나를 기억할까?

(2022. 10. 16)

145

다시 쓰는 시

詩의 하늘을 봅니다.

시간의 수첩에
비우면 비울수록 채워지는 것들을
하나씩 적어봅니다.

사랑과 행복이 그렇고
믿음과 소망
누군가를 위한 간절한
기도와 신념이 그러합니다.

세상에 시가 아닌 것은
하나도 없습니다.

태초의 말씀이
신들의 모든 말씀이 그러합니다.

예쁜 생각으로
사랑을 말하는 그대의

언어에도 시는 살아 톡톡 튑니다.

보면 볼수록
들으면 들을수록

그의 음악이
그들의 노래가
肉筆로 쓴 책 속에서 걸어 나와
심금을 울리며
人口에 저리 膾炙하는
시로 살아갑니다.

나는
그의 음악에 놀라고
그 작가의 놀라운 사상에 다시 놀라

나는 나의
작은 시의 하늘을 노래합니다.

(2022. 10. 12)

147

숨바꼭질

꼭꼭 숨어라,
머리카락 보일라

저 달빛 하나는
피할 길 없어

둘이 하나 되어
어둠이 되는 수밖에

아이야,
너는 어느 하늘 아래

꼭꼭 숨었길래
머리카락 하나 보이질 않니?

(2022. 10. 4)

풍선 사랑

마음을 슬쩍 건들면

사랑으로

톡 터질 것 같은 그대는

저 높은 창공(蒼空)에서

유유히 날아와서

누가 볼세라

가슴속을 파고들어 터지는

화려한 폭발

별빛 총총히 박힌 나는

온통 사랑에 물들어

날마다 아름다운 가슴으로

보이는 사랑을 한다.

(2022. 8. 28)

길

길을 간다.
눈길을 간다.

길이 끊긴
길이 없는 눈길을

사랑하는 너와 다정히
두 손 꼭 잡고
우리의 발자국 금방 지우는
눈길을 간다.

신의 말씀처럼
심장에 고스란히 박히는

크리스마스이브에
눈이 오면
함박눈이 내리면

어린아이처럼

하얀 설렘으로 벅찬 기쁨으로

이 세상에서
가장 따뜻한 가슴을 가진 아름다운 너와

길을 간다.
눈길을 간다.

길이 없는
길이 끊긴 눈길을

그러나 예쁘게
우리의 길을 간다.

(2022.9.25.)

아네모네 사랑

세상의 모든 이별에는
사랑이 숨어있는 것을

그대는 아실까 모르실까?

아네모네 꽃이 피는
이유를

그립다, 그리워하면 삼백예순 날이
마냥 그리워

그림자로 따라가다,
는개 오는 날은
발자국 자박자박 따라오는 그리움

사랑 하나 잘라놓고
이별 하나 떼어놓고
저리 하세월인데

우리는 언제 이별하였던가.

신의 뜻이라 치부하기에는
너무 어긋난
우리의 인연

그대는 지금
어느 하늘 아래
누구의 그리움으로 사는가.

그대는 아실까 모르실까?

아네모네 꽃이 지는
이유를

그대는 왜
아네모네 꽃이 지는 곳
거기에 서 있는가.

(2022. 8. 23)

시소 사랑

당신이 땅을 차고

치솟으려는

찰나

나는

신나는 허공.

내가 땅을 딛고

날아오르려는

순간

당신은

즐거운 허공.

결코 수평이 될 수 없는

시소의 아름다운 숙명

당신은 어쩜 그리

사랑스러운가요.

(2022.7.24.)

알 수 없어요

태초에
사랑한다는 말을
누가 누구에게
처음 고백했을까.

노을 진 강가를
하염없이
홀로 가는 이의 뒷모습에는
왠지 모를
쓸쓸함이 묻어 있다.

꽃이 피고 지듯
세월과 이별하는
모든 생명에도
외로움이 배어있다.

풀꽃도 외로워
모여 피고
새들도 외로워서
모여 살고

사람들도 외로워
다 함께 모여서 산다.

당신은 당신이
맨 처음 고백한
그 사랑과
지금을 살까.

(2022. 7. 19)

일장춘몽(一場春夢)

처자의 앙가슴은 훔쳐보지 말 것

흐르는 물에도 뿌리를 내리고
꽃을 피운 저 사랑은
누구의 환생일까?

고운 밤
저토록 빛나는 눈동자로
간절히 응시하던 눈빛은, 그 얼굴은
또 누구의 민낯일까?

뭉게구름 위에
대궐 같은 집을 지어
붉은 노을로 장막을 치고,
별을 따다 문간에 걸어
기약 없는 운우(雲雨)의
만리장성을 쌓다.

찰나에서 영원까지
황홀했다.
너도 그 날밤
천상의 화음 들었을까?

(2022.6.10.)

사랑

너의 화살은
시도 때도 없이

어디서나

곡선으로 날아와도
금방 사선으로

포물선으로 날아와서
이내 직선으로

가슴 정중앙에
명중했다.

(2022. 6. 9)

그해의 함박눈

1
지금 그 사랑은
어디쯤 가고 있을까.

2
오롯이 함박눈 내린 아침
마당을 치워 화단으로 옮기고
대문을 나서는 순간
나는 그만
얼음이 되어 쓰러집니다.

대문 앞을 돌고 돌아
맴돌고 맴돌다가
미루나무 사이로 멀어져 간
사랑의 발자국을 따라
돌부처가 되어
하염없이 바라봅니다.

사랑은 여기까지라고

이별도 여기까지라고
그 발자국을 지우며 또 눈이 옵니다.

그리고
아주 먼 훗날까지
사랑이 왔다 간 그 자리에는
그리움의 꽃들이
앞다투어 피고 있을 테지요.

(2022.5.31.)

160

복이 옵니다

복이 옵니다

사랑하면
거짓말처럼 복이 옵니다.

행복하면
저절로 복이 옵니다.

웃으면
복이 넝쿨째 굴러들어 옵니다.

이 순간
누군가의 사랑이면
기적처럼 복이 옵니다.
한 사람의 행복이면
어느새 복이 옵니다.

늘 누군가의 웃음이면
복이 넝쿨째 굴러들어 옵니다.

복이 옵니다

(2020.11.15.)

마중

예전에는 멀리서 오는

그대 발자국 소릴 듣고 마중을 나갔는데

이제는 그 소리는 못 듣고

창 너머 아주 멀리서 오는

희미한 그대 그림자를 보고

마중을 나서네.

(2020.6.8.)

162

모모

기적 같은 그 이름
모모 그 소녀처럼

사랑 같은 그 이름
모모 그 시간처럼

동심도 아닌
사랑도 아닌

노래도 아닌
시계도 아닌

하늘 바퀴처럼 사네.

너도 아닌
나도 아닌

그냥 아름다운 기도.

오늘 있다 없는
내일은 기적 같은 하루

회색의 멋진 시가도 신사도 없다.

모모야
모모야

오늘에 용감 하자.

너무 어지러운
이 세상
너도 낮달은 보고 사니?

그리하여 시계
그리하여 희망

살아 숨 쉼으로
모모야 늘 웃고 살자.

(2019. 5. 3)

봄비 2

너의 눈으로
너의 귀로만 듣는
봄비가 오네.

너의 사랑으로
너의 설렘으로
봄비가 내리네.

이별은 없네.
슬픔도 어제
고통도 고독도 그저께

나의 눈으로
나의 귀로만 듣는
봄비가 오네.

나의 가슴에
나의 사랑으로

봄비가 내리네.

미움이 없네.
봄비는 또 내일 지나면 영원을
오겠지
너를 위한 나의 그리움처럼.

(2019. 3. 15)

시(詩)의 마음

어쩜 그리 예쁘신가요?

당신이란 사람은

이 지구에 꼭 필요한
평화 같은
이 우주에 사는 모든 생명에게 꼭 필요한
사랑 같은
볼 수도 만질 수도 없지만
너무나 간절할 때
어느새 슬그머니 옆에 와 손 내미는
기적 같은

마음이 듣고 가슴이 말하는 투명한
고백 같은
하늘 같은 사람은
모두 시의 마음입니다.

어쩜 그리 아름다우신가요?

당신이란 사람은

별의 그리움을 닮은 꽃의
마음 같은
해거름 미루나무 사이를 걸어갈 때
수없이 떨어지는 갈색 바람의
인사 같은
새해 첫날 동천(東天)에 막 뜨는 해의 마중
그 설렘 같은
오랜 날의 절절한 기도 같은

이 세상에 태어나
처음 보고 처음 듣고
처음으로 느끼는 이 땅 위의 모든 것은
바다 같은 사람은
마침내 그리워
말하지 아니하여도
다 시의 마음입니다.

(2025. 7. 10.)

그리움이라 불리는 사람

그 사람 참으로 오랜 세월을 날아 오는구나.

꽃이 되어 바람이 되어
비로 내리는 너란 사람은

온 대지를 마냥 적시고
철없이 스미어들 줄밖에 모르는 천생(天生)의 따스함
으로

시가 되고 인생이 되고 추억이 되어
끝없는 사념(思念)의 소용돌이 그 시간을 날아와
춤추는구나.

이별을 모르는 이 세상의 모든 이별처럼

번개보다 빠르게
꼬리에 꼬리를 물고
그리움의 자리에 비로 날리는 너란 사람은

삶이 되고 노래가 되고 아픈 숨결이 되어
순간의 풍경을 죄다 보여 주다가
끝내 참회의 눈물로나 내게 오누나.

오늘 같은 날이면
시도 때도 겁도 없이
추억의 소환장을 마구 들이대는 너란 사람은

영원토록 앞으로도 뒤로도 옆으로도 갈 수 없는
눈에 보이는 사랑 그 아픔

얼레를 감으면 연(鳶)은 돌아오지만
감아도 감아도 돌아오지 않는 너란 사람은

그리움이라 불리는 너란 사람은

(2025. 5. 27.)

그리움 3

지금 당신이 있는 곳은
수
평
선
이
아스라이 먼,

아름다운 그리움이 사는 곳

거기서 지금 당신이 보는
수
직
선
이
태양의 빛처럼

지구에 꽂히는 곳

(2023.2.21.)

천군만마(天軍萬馬) 2

온 세상이
임을 보우(保佑)하사

임의 앞에
보무당당(步武堂堂)한 나

임의 뒤에
위풍당당(威風堂堂)한 너

임의 좌측에
세상천지에 인정을 베푸는 수천의 나

임의 우측에
만천하에 사랑을 전하는 수만의 너

천지인(天地人)이

온 세상이
임을 호위하사

(2025.5.23.)

행복을 주는 사람

하늘과 바다가 한없이 높고
제아무리 깊고 넓다 한들

나와 이웃 그리고 이 세상 모든 이들에게
행복을 주는 사람
당신만큼

한없이 높고 끝없이 깊고 넓은
사랑의 마음 가진
천사 같은 이

이 세상에
또 있을까?

조금씩 조금씩
사랑 물들이며

꼭 한 번
그 사람의 가슴속에
들어가 보고 싶다.

(2025.6.28.)

제5장

4악장

: 시, 그 삶의 울림

바다와 인생

인생이 뭐 별거더냐.

주는 것을 좋아하며 잘 살았으면
그만이지

머리 아프게 고민하지 말자.
밀물과 썰물처럼 파도치며
한 번 왔다 한 번 가는 것을

인생이 뭐냐고
백날 물어봐야 백날 어려운 말

머리 터지게
고민하지 말자.

하늘 우러러 한 점 부끄럼 없이
바람처럼 왔다 바람처럼 가면 그만인 것을

인생이 뭐 별거 있더냐.

한평생 꽃밭에서 맘껏 놀았으니
마지막 남겨놓은 눈물 한 방울은

인정의 바다 한가운데
떨구고 가야지

그리고, 바람도 잠든 어느 고요의 밤
하나 흔적 없이

아름다운 목숨 기꺼이 주면
그만 아닌가?

(2025. 6. 29)

행복한 치매

행복 스위치는
공기로 자동 충전되는데

오늘도 춘희(春姬) 엄마는
행복 스위치가 꺼졌다고

충전기 가져오라고 막무가내
생떼를 쓰다가

그렇게 한참 만에
잠이 드시고

늘 행복한 사람 착한 춘희는
지금 무슨 생각을 할까?

(2025.6.20.)

176

밥이 된 사랑

단 한 번이라도
당신은
누군가의 물이 된 적 있으신가요?

사막을 걷는 이의
하늘이 보이는
샘물 같은

단 한 번만이라도
당신은
누군가의 눈물이 된 적 있으신가요?

사랑을 잃은 이의
한쪽 가슴이 되어 철철 흘리는
그 눈물 같은

단 한 번만이라도
당신은
누군가의 밥이 된 적 있으신가요?

사흘을 굶주린 이의
전(全) 생명을 살리는
밥 한 그릇 같은

그렇게 따뜻한
누군가의 기적이 된 적 있으신가요?

(2025.6.21.)

178

개똥철학

인생 뭐 있나요.

하루하루 단 한 사람을 기쁘게 신나게
즐겁게 하면 되죠.

그럼, 개똥철학이 뭐죠?

하루하루 이웃들과 함께
나누고 웃으며
감사하고 사랑하며 살면 되죠.

개똥철학 참 쉽죠?
어, 어렵다고요.

난들 너를 모르는데
넌들 나를 알겠느냐?

모르는 건 그냥 모른 척 사는 것이
아는 개똥철학이래요.

웃긴다고요?

아녀요.
단 한 사람에게 온 마음을 쏟을 때
그제야 겨우 보이는 것

그걸 잡는 것이
개똥철학이래요.

(2025.6.18.)

명상 예찬

지금 병든 이와 고통받는 이 세상의 이웃들을 위해
눈부시게 깨어
당신의 신께 간절히 기도하라.

여태껏 만난 인연과 인연이 아닌 또 다른 인연에
하나 소홀함이 없었는지
참된 나를 돌아보는
지금은 묵상의 시간

비우고 비워 모조리 비워
머리는 차갑게 마음은 뜨겁게 하라.

가장 순수한 이타(利他)의 당신이 보이고,
마침내 세상의 아픔 전부를 아우르는
그 불타는 가슴에다 사랑 칠을 하라.
이왕 주려거든 아낌없이 주라.
만일, 다 주고도 후회가 남는다면
그 후회까지도 미련 없이 모두 잊어라.
그리하여 깨끗이 잊히는 망각의 시간

이제야 소망의 집에 가서
예쁘고 예쁜 똘망똘망한 꿈과 사랑의 시어(詩語)들을
차례차례 데리고 나오는
행복한 시간

온 세상이 이미 꽃밭인데
텅 빈 사념 위로
사랑의 말씀이
천지간(天地間)에 빛으로 쏟아지는데

(2025. 1. 9.)

운수 좋은 날

뭔가 눈 깜짝할 새
휙-하고 지나갔어

어느 운수 좋은 날
그걸 잡고 보니
아, 놓친 세월이어라

(2025.6.7.)

183

임이시여

무슨 말이 필요할까요?

날마다 고맙고
죽도록 사랑하는데

무슨 말이 더 필요할까요?

항상 건강하시고
늘 행복하세요.
이 우주를 다 주고도 바꿀 수 없는
목숨보다 더 귀한 님인데

무슨 말이 아직 필요할까요?

(2025.6.9.)

184

동창생

이 세상의 모든 보약보다
상다리가 휘어지도록 차린 천하일미(天下一味) 요리보다
난 네가 좋다.

정든 교실과 운동장을 수없이 누비며
맑은 생각을 키우고,
같은 창밖을 바라보다 서로 다른 꿈의 세계로 우린
떠났지만,
세상에 하나뿐인
난 네가 너무 좋다.

생(生)의 모진 바람도 온몸으로 막아주고,
지치고 힘들 때마다 손잡아 일으켜 준
이 지구에서 가장 따스한 손
꽃보다 아름다운
난 네가 좋다.

우리는 아주 멀리서도 금방 알아채고
찾아오는 지구에서 가장 큰 나무

고단한 세월의 강을 건너
안으로, 안으로만 서로 스미어 정이 든 사람
난 네가 너무 좋다.

어쩜 이 세상에서 가장 먼 그리움
그러나 눈물처럼 가장 가까운 우리 인연,
제아무리 마구 퍼 써도
바로 채워지는 그리움의 화수분
별보다 반짝이는
난 네가 좋다.

천지개벽(天地開闢)이 와 온 세상이 바뀌어도
하늘만큼 땅만큼 사랑하는
바보처럼 예쁜
난 네가 너무 좋다.

(2025. 6. 2.)

눈부신 사람

그대가 지치고 아플 때마다

누군가 그대를 위해
두 손 모아 기도하고 있다는 것을 절대
잊지 마세요.

나 역시 그대를 위해
날마다 기도하니까요.
그대의 삶이 너무 힘들고 상처받을 때도

누군가 그대를 위해
따뜻한 가슴으로 손 내밀고 있다는 것도 결코
잊지 마세요.

나 또한 그대를
뼛속까지 사랑하니까요.

그대의 고귀한 생각과 일심(一心)인 육신이
강한 시험에 들어 고통받을 때도

누군가 그대를 위해
이 세상에서 가장 순전(純全)한 영혼으로
성령(聖靈) 충만의 힘으로 다가오고 있다는 것도 절대
잊지 마세요.

그 언제든 하나뿐인 나의 육신과 영혼도
그대와 함께 할 테니까요.

그대는 존재 하나로
눈부신 사람입니다.

(2025.5.22.)

할미꽃

살아 차마 그대에게 하지 못한
순정(純情)의 말 한마디를
죽어 넋이 되어
천년 기다림의 끝에
처음 만난 신비한 언어로
이 세상 가장 양지바른 무덤가에
한 송이 꽃으로나 피워
말하고 있구나

(2025. 5. 1.)

아침 인사

세상의 꽃들이 일제히 깨어나기 전에
꽃보다 먼저 인사하는 당신은
참 아름다운 사람입니다.

바람이 깨어 교회의 종탑을 스치기 전에
바람보다 먼저 인사하는 그대도
참 바지런한 사람입니다.

나만 아는
나만 모르는

너무 쉬워 소홀하기 쉬운 그 인사를
오늘도 당신에게 배웁니다.

마치 마법처럼 그대를 튕겨
다시 내게 돌아오는
반가운 아침 인사는

속웃음 행복으로 말없이
'오늘도 즐거운 하루 되세요'
그리 인사합니다.

꽃들이 사람들이 먼저
인사하기 전에

바람이 삼라만상(森羅萬像) 에게 인사하기 전에
내가 먼저
인사하는 것입니다.

(2023. 7. 15.)

사랑은

사랑은 그 사람이 가는 길을
끝까지 지켜주는 일이다.

낮과 밤의 사랑
하늘과 땅의 기도

저 해가 사라질 때까지
달의 몰락 그 마지막 순간까지

아름다운 마음도 몸도
생명까지

기꺼이 다 주어야
사랑이다.

사랑은 그 사람이 가는 길을 끝까지
함께 지켜주는 일이다.

(2025. 10. 18.)

그 여자

그 여자는 그 남자의

생각의 집에 밤낮을 함께 사는
아주 귀한 인연이랍니다.

이 세상의 기쁨이란 기쁨은 다 가진
그 여자의 미소는 누가 보아도
백만 불짜리

어디 그뿐입니까?

이 세상의 사랑이란 사랑은 죄다 가진
그 여자의 인정은
세상 어디에 내놓아도
천만 불짜리

그 여자는 그 남자의

생각의 집에
아름다운 둥지를 틀고 사는
영원한 행복이랍니다.

(2023. 11. 5)

날마다 당신

1
날이 가고 세월이 갈수록
당신이 보고파
아름다운 아침이 옵니다.

나는 그런 당신에게
아침마다 반하옵니다.

당신의 간절한 기도는
삶의 풍경이 되어
날마다 마음을 울리고

나는 한마디도 묻지 않는
착한 소년처럼

그저 사랑하여
푸른 하늘의 말씀을 잘도 듣사옵니다.

2
바람이 불고 세월이 갈수록
당신이 그리워
아늑한 저녁이 옵니다.

나는 그런 당신에게
저녁마다 반하옵니다.

당신의 하늘 같은 사랑은
수많은 별이 되어
날마다 가슴에 와 박히고

나는 사철 쓰다만 시(詩)를
다시 고쳐 쓰다가
착한 소년처럼

그만 눈물이 나
반짝이는 별을 품고 잠드나이다.

(2024. 1. 17)

해와 달의 일기

태초에
해와 달은

누구의 작품이기에
만천하를 비추옵니까?

당신과 나를 보고
허구한 날 그저 웃네요.

이렇게 비가 오고 눈이 내리면
해와 달은
흐린 날의 그리움을
일기로 쓴다지요.

시시각각(詩詩刻刻)
바람의 그림자 지나가도

해와 달은

늘 동그란 얼굴로
가끔은 눈썹 같은 미소로

주야장천(晝夜長川)
저리 웃고만 있네요.

(2023. 10. 20)

해와 달의 인사

1
이 세상에서 가장
아름다운 낮의 인사는
해의 인사이옵니다.

하루 종일 해의 인사를 받은
모든 사람이
날마다 행복 하라고
해는 마음이 웃는 인사를 하옵니다.

2
이 세상에서 가장
아름다운 밤의 인사는
달의 인사이옵니다.

지금껏 달의 인사를 받은
모든 사람이 서로 사랑하라고

온 누리에 평화 고르게 나린

이렇게 예쁜 밤에
시 한 편 쓰라고

달은 오늘 밤도
마음이 웃는 인사를 하옵니다.

(2023. 10. 28)

199

만추(晚秋)

외로워 마라

단풍잎 지고 낙엽은 날리어
이미 온 세상이 외롭나니

사랑하는 사람아
외로워 마라

살다 보면
이별의 아픔이 어디 한두 번이랴
수많은 이별의 순간에 이미 외로웠으니

그리운 사람아
외로워 마라

이 계절을 우는 작은 벌레야
떠나는 새야

외로워 마라

춘하(春夏)도 잊은 채
외로워할 새도 없이
우리들의 사랑은
이미 뜨거웠으니

외로워 마라
쓸쓸한 사람아

우리는 이미
너무 외로웠으니
외로워할 새도 없이
뜨겁게
사랑하였나니

외로워 마라

(2024. 11. 7)

고독

아주 오랜 세월 속의 바다에
여태껏 노을에 불타고 있는
돛단배 한 척

그 배 위에서
그대가 눈먼 세상을 향해
가장 멀리 던진 섬 하나
아직도 떠 있고

(2025. 5. 17)

낭만 자객 (刺客)

바람이 버린 시 한 편이
누더기가 된 채
세상을 날아와

어느 날 갑자기
눈으로 쓱 쳐들어와

놀란 청춘이 그만 어린 소녀에게
푸른 꿈을 싱싱한 육체를
끝끝내 피 끓는 단심(丹心)까지 다 바치고야
날카로운 순정(純情)의 칼날에 베인
가슴이 죽고,
거룩한 마음과도 작별하였네.

그날
끊임없이 무조건 주는 사랑이
태양처럼 또 부활하고,
한참 뒤에 온 그리움은
노을처럼 아름다웠네.

아아, 그 시절에는 이별조차
눈부신 낭만이었네.

(2025. 5. 10)

시(詩)가 우는 밤

휘영청 달 밝은 밤
사념(思念)의 그림자가 놀러 와
온갖 그림을 다 그리는데,

이 세상에 한 번 읽고
버려지는 시집이 얼마나 많을까요?

아니, 한 번도 읽지 않고
버려지는 시들은
또 얼마나 많을까요?

달이 지고 밤 이슥토록
빛나는 별과 별 새서
시가 우는 밤

그 여자가 어디를 가든
세상없이 귀한 그 여자의 시집이

누군가가 함께 데리고 다니는
반려(伴侶) 시집이면
얼마나 좋을까요.

그리고, 그대가 어디를 가든
보석 같은 그대의 시 한 편이

누군가의 입술에 젖어 절로 흥얼거리는
시 한 줄이면
또 얼마나 좋을까요.

(2023. 10. 11)

마음이 웃는 사람

날마다 가슴의 문을 열고
마음이 웃는 사람
당신은 참 아름다운 사람입니다.

보는 사람마다 속마음으로
'오늘도 행복하세요'
'아프지 말고 건강하세요'
마음이 웃으며 그리 인사합니다.

오늘도 가슴의 문을 활짝 열고
마음이 웃는 사람
당신은 너무 따뜻한 사람입니다.

만나는 사람마다
'좋은 하루 보내세요'
'복 많이 받으시고 기쁜 하루 함께 해요'
마음이 웃으며 그리 인사합니다.

당신이 있어
날마다 은총의 하루

당신은 이 세상에서 가장 따뜻한 사람
그리하여 이 세상이 나의 삶도
너무 아름답습니다.

(2023. 10. 10)

공(空)과 자유

삶이 종종
거침없이 영원한 자유

무한 행복의 절정
그 깊디깊은 잠에 빠져

더 바랄 것도 더 가질 것도 하나 없이
빈 공(空)과 자유의 상태로

하늘에 이 세상에 감사와 사랑
타인을 위한 기도만 남기고

허공처럼
텅 비어 있을 때

(2024. 1. 21)

꽃 편지

사랑은 날마다

웃는 게 힘들다고
내게 꽃 편지 보내오는데

사랑 덕분에

이 세상에 단 한 사람도
미워하는 사람이 없다고
나도 꽃 편지 보내주는데

사랑과 나
나와 사랑은
운명 같은 인연일까?

별의 사냥꾼
비 오는 밤

꽃피는 춘삼월(春三月)에
사랑이 임에게

꽃 편지 쓰다 쓰다가
밤새 웃는다.

(2024. 2. 21)

제6장　앙상블

: 김정선 시선(詩選)

『그리움의 사중주』에 부쳐 - 김정선 시인을 추천하며

이은집 | 시인 · 시비평가

저는 오랫동안 한국 문단과 문화예술의 현장에서 활동해왔습니다. 시와 노래, 그리고 삶과 예술이 사람들의 마음을 울리고 세상을 변화시키는 힘을 굳게 믿으며, 때로는 문학비평가로, 때로는 신인의 첫걸음을 지켜보는 심사위원으로 자리를 지켜왔습니다. 특히 문예빛단 신인상 심사위원으로 참여하며, 수많은 신예 시인들의 가능성을 발견하고 그 길을 응원해온 것은 제게도 큰 보람이었습니다.

그중 김정선 시인은 제게 특별한 감동을 안겨준 시인이었습니다. 「솟대와 나」, 「가을 비로 쓰는 일기」 등으로 문예빛단 신인상을 수상하며 세상에 첫 발을 내디뎠을 때, 그의 작품 속에는 신인의 풋풋함을 넘어선 원숙한 사유와 진실한 언어가 이미 살아 숨 쉬고 있었습니다. 삶의 고통과 사랑, 그리고 희망을 담아낸 그의 언어는 단순한 감상이 아니라 영혼의 고백이었고, 읽는 이들의 마음에 잔잔히 스며드는 위로였습니다.

이제 김정선 시인은 남편이자 동반자인 여명 이한길 시인과 함께 『그리움의 사중주』라는 뜻깊은 시집에 자신의 시 10편을 수록하게 되었습니다. 부부가 각자의 언어로 삶을 노래하면서도 한 권의 시집 속에서 서로의 울림을 나누고 조율하는 모습은 그 자체로 감동적인 풍경입니다. 사랑과 그리움, 동행과 성찰이 어우러진 이번 시집은, 마치 네 개의 선율이 모여 하나의 장중한 음악을 이루는 **'사중주'**와도 같습니다.

김정선 시인의 시는 일상의 작은 순간을 포착하면서도 거기서 보편적 진리를 길어 올립니다. 그의 시편들은 독자에게 삶의 무게를 견디게 하는 따뜻한 숨결이자, 다시 살아갈 용기를 주는 등불과도 같습니다. 이번 수록작 10편은, 신인상을 통해 증명된 그의 가능성이 이제 한층 더 깊어진 목소리로 독자 앞에 서 있음을 보여줍니다.

저는 확신합니다. 『그리움의 사중주』는 부부 시인의 사랑과 동행이 빚어낸 문학적 합창이자, 김정선 시인이 본격적인 시인의 길로 나아가는 새로운 출발점입니다. 문예빛단 신인상에서 밝혀진 첫 불빛이 이 시집에서 더욱 찬란히 빛나며, 앞으로도 그의 언어는 많은 이들의 영혼을 어루만지고 세상을 밝히는 힘이 될 것입니다.

따뜻한 부부애와 깊은 시적 성찰이 함께 빚어낸 이번 시집의 출간을 축하드리며, 김정선 시인의 앞날에 무궁한 영광과 축복이 늘 함께하기를 진심으로 기원합니다.

솟대와 나

한 곳만 한 곳만 바라보고
서 있는 저 솟대처럼
나의 고독한 사랑도
해해연년 당신을
쳐다보고 서 있다.

어쩌다 세월의 바람이
못 견디게 흔들어도
하늘에 하나씩 콕콕 박히는
바위 같은 기도로
하나 된 우리 사랑

외로운 마음은 외로운 마음끼리
고독한 영혼은 고독한 영혼끼리
날마다 정이 들어
한없이 주고

우리 사랑은 서로서로
끝까지 쳐다보고 바라보다

생의 마지막 순간에
다시 눈부시게 부활하는
아름다운 고독이다.

(2024. 6. 26)

이름 하나

어디에
어디다 써놓고 잊었는가.

이름 하나

어디에다
어디에도 써놓지 못해 끝내 잊었는가.

아름다운 이름 하나

(2024. 7. 20)

214

그대라는 사람은

그대라는 사람은
세상의 어디에 있어도
빛과 소금처럼 귀하고 귀하여
날마다 한마음 한 몸 바쳐
지극정성으로 섬기고 받들고 공경하여도
돌아와 생각하니
난 너무 부족한 사람, 후회하고 뉘우치고
참회의 글을 적다가
깜박 잠이든 사이
세월이 훌쩍 가버려
이렇게 백발만 성성하여도
날이, 날이 갈수록
행복의 왕, 꽃 중의 꽃
사랑의 여왕 그대라는
사람에게 반하여 홀딱 반하여
남은 인생
아, 내 사랑은 지금이 한창
이제야 한 살 두 살
참 나이 먹습니다.

(2024. 8. 12)

가을비로 쓰는 일기

이렇게 밤새워
가을비 내리는 밤

가을비 속으로 떠난 사람은
가을비 맞으며 돌아온다.

그리움이 언제 잠들고
졸은 적 있더냐.

가장 깨끗한 영혼끼리
춘하추동(春夏秋冬)
계절의 처음과 끝을
지독한 그리움으로 묶어

세월보다 빨리 와서
세월보다 아주 늦게

너무 쓰라린
연모(戀慕)의 문을 닫는다.

가을비 속으로 떠난
사람은
가을비를 맞으며
지금 영원을 걸어온다.

(2024. 8. 27)

꽃과 얼굴

그 순간엔

차마 이름도 묻지 못해

눈에, 기억 속에

오래도록 아프게 새긴

그리운 얼굴들이

해마다 4월의 봄이면

혹한을 뚫고 나오는

반가운 꽃처럼, 봄꽃처럼

생(生)의 한가운데서

아름다운 얼굴로

눈부시게 피어난다.

(2024. 10. 2)

218

핸드폰 같은 사람

애인이 되어 주렴.
딱 오늘 하루
주머니 속의 핸드폰처럼 꺼내
시도 때도 없이
만지고 누르고 애무해 주렴.
서로 보고 듣고 말하고
그것도 모자라 수시로 문자 보내는
딱 오늘 하루
연인이 되어 주렴.
임이라 부를 수 없는
그러나 너무 귀한 분신 같은
한시도 없어서는 안 되는
아낌없이 주는
가방 속의 핸드폰처럼 꺼내
자나 깨나 찾는
생(生)의 주인공
참사랑이 되어 주렴.

(2024. 11. 24)

마음의 문(門)

마음의 문을 닫으면
하루 종일

보는 것
듣는 것, 말하는 것이
삶의 전부일 때가 있사옵니다.

마음의 문을 조금 열면
사시사철

삶의 전부인 것이
시나브로 바로 보이고, 바로 들리고
오래된 신앙 고백처럼 자연스레
바로 말하게 되옵니다.

마음의 문을 활짝 열면
시의적절(時宜適切)

볼 수 없는 것도 보고

듣지 못한 것도 듣고,
아예 말하지 아니하여도
온갖 것을 가슴으로 읽어 내옵니다.

서로 양보하고 배려하는
하늘 같은 사랑이

마음의 문을 활짝 열고
시도 때도 없이
아름다운 그대를 찾아가옵니다.

(2025. 3. 22)

꽃과 너

웃어도 이쁘고
화내도 이쁜
넌

그럼

언제
안 이쁜 거니?

가만히 있어도 예쁘고
바람에 흔들려도 예쁜
넌

그럼

언제
안 예쁜 거니?

(2025. 1. 11)

223

사랑 타령

사랑아 별아
달아 사랑아

꽃 같은 너
보고 싶다고

이 세상
이름을 가진 모든 것 중에

사랑이, 사랑이
너무 그리우면
거울 앞에 선다.

거기 너의 사랑이
보일 때까지

너의 사랑은 파릇파릇
초록 잔치에 지쳐
예쁘게 단풍 들고

어느새 상고대의 설국(雪國) 향연

하루에 일 년을 다 가진
너의 사랑이

내 심전(心田)의 나뭇가지 하나
매일 흔든다.

(2023. 3. 7)

당신

꽃보다
먼저 웃고 먼저
인사하는

한 사람

당신이
이 세상에서 가장
아름다운 사람

날마다
꽃의 인사를 받고
있군요.

(2023. 7. 5)

맺음말

　시(詩)의 마음을 따라 인생길을 걷다가 위대한 시인의 시를 읽고, 또 수많은 무명 시인의 시를 읽다가 나의 시를 봅니다.

　그러다 시 한 편에 꽂히면, 그 시가 누구의 시든 상관없이 감동의 파고가 출렁이고 금방 뜨거운 가슴이 되어, 나는 찰나에 그 사람이 됩니다. 그 사람의 시의 마음이 속속들이 보이는 듯 눈에 선합니다.

　여명의 시 제1집에서 제4집까지 총 스물세 분이 쓰신 주옥같은 시평과 추천사가 별보다 더 반짝이며 시에 무한 생명력을 팡팡 불어넣습니다.

　그리하여 나의 시는 영원을 사는 생명이 됩니다.

　어쩌면, 시는 정서의 등가물이 아니라 감사의 선물입니다. 나는 그 스물세 분이 하도 감사하여 나의 모든 것을 몽땅 주고 싶은 심정입니다. 또, 쓰고 싶은 생각은 굴뚝같으나 쓰지 못한 나의 다정한 누님과 친구들 그리고 후배들도 하늘만큼 땅만큼 귀한 사람입니다.

　괜찮습니다. 모두 고맙습니다.

이 글을 맺기 전에 다시 한번 내 고향 홍천의 퐁당퐁당 문화센터 이사장님과 임직원 여러분께 감사의 말씀을 올립니다.

또한, 나의 졸시(拙詩)를 너무 아름다운 낭랑한 목소리로 낭송해 준 이 시대 최고의 시 낭송가 이종숙 님께 머리 숙여 경의를 표합니다.

그리고, 대한민국 동서남북 방방곡곡을 누비며 행복 에너지 팡팡 퍼뜨리는 꿈과 열정의 사나이, 도서 출판 행복에너지 존경하는 권선복 대표님과 훌륭한 임직원 여러분께 존경과 사랑을 담아 큰 박수 보냅니다.

정말 고맙습니다.
모두 덕분입니다.
그리고 사랑합니다.

2025년 7월 20일
여명 이한길

출간후기

권선복 | 도서출판 행복에너지 대표이사

　부부의 시심(詩心)이 만나 세상에 또 하나의 특별한 시집이 태어났습니다.

　여명(黎明) 이한길 시인과 김정선 시인의 『그리움의 사중주』는 단순한 작품집이 아닙니다. 그것은 두 사람이 함께 걸어온 인생의 발자취와, 그 길 위에서 마주한 눈물과 웃음, 그리움과 희망이 시라는 언어로 다시 태어난 사랑의 교향곡입니다.

　이한길 시인은 『바람이 바람에게』, 『나는 부자이옵니다』, 『바람과 그리움』을 통해 이미 수많은 독자들의 가슴을 두드려왔습니다. 그리고 이제 네 번째 시집 『그리움의 사중주』를 통해, 시인의 내면과 삶의 이야기는 한층 더 깊어지고 성숙해졌습니다. 이 시집은 단순한 연작을 넘어, 지난 세월을 관통하는 진실한 고백이자, 부부가 함께 써 내려간 사중주의 장엄한 선율입니다.

　네 개의 악기가 어우러져 조화를 이루듯, 부부의 두 목소리는 서로 다른 빛깔을 지니면서도 결국 하나의 감동으로 귀결됩니다. 이한길 시인의 언어는 묵직하고 깊은 울림으로 다가오고, 김정선 시인의 시어는 따뜻하고 섬세한 결로 독자의 마음을 감싸줍니다. 두 사람의 시가 때로는 독백처럼, 때로는 화답처럼 이어지며, 독자의 내면에서는 삶의 기쁨과 슬픔, 사랑과 회복이 하나의 음악처럼 흐릅니다.

『그리움의 사중주』는 읽는 순간마다 가슴을 울리고, 또 다른 순간에는 눈시울을 적십니다. 시어를 따라가다 보면 문득 자신의 지난 시간을 마주하게 되고, 잊고 있던 소중한 기억들이 되살아나면서, 독자는 눈물과 미소를 동시에 경험하게 됩니다. 바로 이 점이 이 시집이 지닌 드라마틱한 힘입니다.

무엇보다 이 작품의 특별함은 부부가 함께 엮어낸 공동체 시집이라는 데 있습니다. 한 사람의 목소리가 아닌, 두 영혼이 서로를 울림판 삼아 만든 노래이기에, 그 감동은 배가됩니다. 시는 단순한 감상의 대상이 아니라, 사랑과 동행의 증언으로 살아나며, 독자에게 삶의 의미를 다시 묻습니다.

책장을 덮는 순간, 독자는 단순히 한 권의 시집을 읽었다는 사실을 넘어, 자신의 삶을 새롭게 껴안는 체험을 하게 됩니다. 『그리움의 사중주』는 누군가에게는 위로가 되고, 누군가에게는 다시 일어설 용기가 되며, 또 다른 이에게는 사랑의 본질을 되새기는 거울이 됩니다.

이한길 시인의 네 번째 시집 『그리움의 사중주』는, 앞선 작품들이 남긴 감동을 뛰어넘어 독자들의 가슴 속에 새로운 꽃씨를 심을 것입니다. 김정선 시인의 따뜻한 음성과 함께 어우러진 이 꽃씨는 머지않아 삶의 어느 자리에선가 향기롭게 피어나, 독자들의 길 위에 등불이 될 것입니다.

오늘 이 책을 펼치는 순간, 독자는 단순히 시를 읽는 것이 아닙니다. 자신의 삶을 다시 일으켜 세우는 노래를 듣는 것이며, 그 순간 『그리움의 사중주』 시집이 독자 각자의 심장 속에서 진정한 교향곡으로 울려 대한민국 방방곡곡에 기운찬 행복에너지가 긍정의 힘으로 전파되길 간절하게 기원 드리겠습니다.

'행복에너지'의 해피 대한민국 프로젝트!

〈모교 책 보내기 운동〉〈군부대 책 보내기 운동〉

한 권의 책은 한 사람의 인생을 바꾸는 힘을 가지고 있습니다. 한 사람의 인생이 바뀌면 한 나라의 국운이 바뀝니다. 그럼에도 불구하고 많은 학교의 도서관이 가난하며 나라를 지키는 군인들은 사회와 단절되어 자기계발을 하기 어렵습니다. 저희 행복에너지에서는 베스트셀러와 각종 기관에서 우수도서로 선정된 도서를 중심으로 〈모교 책 보내기 운동〉과 〈군부대 책 보내기 운동〉을 펼치고 있습니다. 책을 제공해 주시면 수요기관에서 감사장과 함께 기부금 영수증을 받을 수 있어 좋은 일에 따르는 적절한 세액 공제의 혜택도 뒤따르게 됩니다. 대한민국의 미래, 젊은이들에게 좋은 책을 보내주십시오. 독자 여러분의 자랑스러운 모교와 군부대에 보내진 한 권의 책은 더 크게 성장할 대한민국의 발판이 될 것입니다.

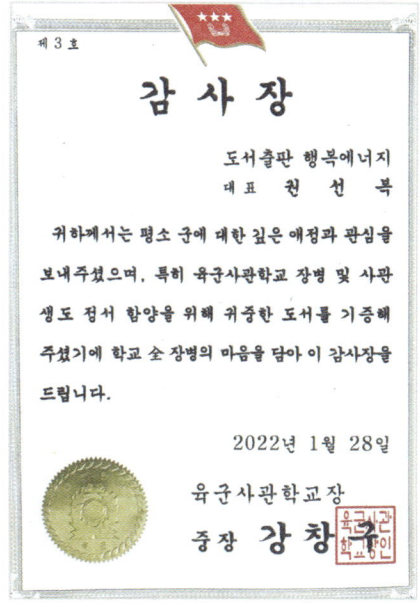